职业院校学生
岗位实习安全教育

主　编　刘汉源　刘作梅
副主编　孙书红　黄欣萍　李德碘
　　　　冉光伟　金　涛　陈　键
主　审　卢达兴

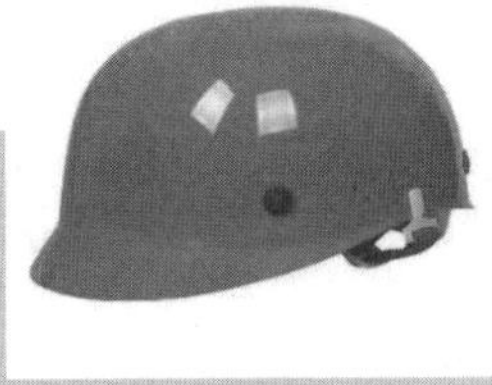
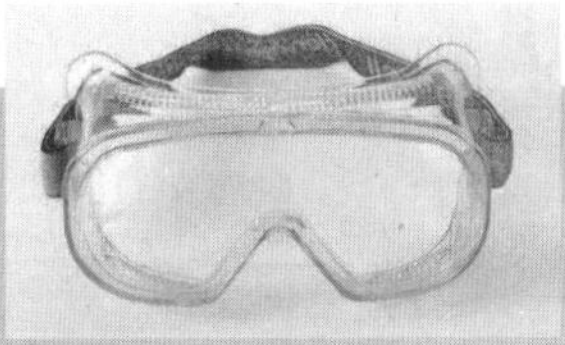

西南交通大学出版社
·成　都·

图书在版编目（CIP）数据

职业院校学生岗位实习安全教育 / 刘汉源，刘作梅主编. —成都：西南交通大学出版社，2022.8

ISBN 978-7-5643-8758-7

Ⅰ. ①职… Ⅱ. ①刘… ②刘… Ⅲ. ①生产实习－安全教育－高等职业教育－教材 Ⅳ. ①G642.44

中国版本图书馆 CIP 数据核字（2022）第 111114 号

Zhiye Yuanxiao Xuesheng Gangwei Shixi Anquan Jiaoyu

职业院校学生岗位实习安全教育

主编　刘汉源　刘作梅

责任编辑　罗爱林

封面设计　曹天擎

出版发行　西南交通大学出版社

（四川省成都市金牛区二环路北一段 111 号

西南交通大学创新大厦 21 楼）

发行部电话　028-87600564　028-87600533

邮政编码　610031

网　　址　http://www.xnjdcbs.com

印　　刷　成都蜀雅印务有限公司

成品尺寸　170 mm×230 mm

印　　张　13

字　　数　179 千

版　　次　2022 年 8 月第 1 版

印　　次　2022 年 8 月第 1 次

书　　号　ISBN 978-7-5643-8758-7

定　　价　38.00 元

前 言

PREFACE

柳州是广西第一大工业城市，也是全国首批、广西第一个产教融合城市。柳州市现有职业院校 25 所，在校生总数约 15 万人。柳州市在经济发展过程中，也需要大量的高技能人才。当地职业院校与企业产教融合非常紧密，校企合作范围广、层次深，职业院校学生到当地企业实习和就业常态化。学生按要求到企业实习是教学过程的重要环节，是人才培养的重要手段。安全、顺利、有效地实习至关重要，学校、实习企业和家长都非常关注学生的实习安全。但这几年，在学生实习过程中，安全伤害事故时有发生。

柳州是工业城市，柳州的工业占比很大。汽车工业是柳州市的主要经济支柱，以汽车制造为核心的产业链企业在柳州占有较大比重。为提高广大学生的安全意识，时刻把实习安全放在第一位，能在实习过程中熟记各种安全要求，保证实习过程安全，编者根据汽车制造企业的特点，结合当地汽车龙头企业的安全教育和安全防护要求，编写了职业院校学生到汽车整车制造企业实习时需要掌握的安全教育方面的基本知识，并列举了一些实习过程中发生的典型案例，作为警示教育，从而提高学生的安全意识，减少安全伤害事故的发生。

实践教育探索无止境，大力开展职业院校学生安全实习的探索与研究，不断把企业里的相关安全知识和案例分享给学生，会最大限度地保障学生实习安全。本书的出版既是一次工作总结，也是校企合作的成果沉淀。本书可以作为职业院校学生到企业实习前的安全读本，也可以作为汽车企业新员工安全教育参考书。

本书在编写的过程中，得到上汽通用五菱汽车股份有限公司领导和有关专家的大力支持，在此表示感谢。由于编者水平有限，书中难免存在疏漏不当之处，欢迎大家提出宝贵意见，以不断完善本书，共同创建一个安全的实习就业环境。

编　者

2022 年 7 月

CONTENTS

01

第一章

新时代职业院校学生实习概述

2019 年，国务院印发《国家职业教育改革实施方案》，要求坚持以习近平新时代中国特色社会主义思想为指导，把职业教育摆在教育改革创新和经济社会发展中更加突出位置。2021 年，习近平总书记对职业教育工作作出重要指示，强调要加快构建现代职业教育体系，培养更多高素质技术技能人才、能工巧匠、大国工匠。2021 年，全国职业教育大会的战略共识之一是职业教育要更加注重培养实践能力。把产教融合、工学结合作为办学基本模式，改革教学教法，让学生在实际劳动中增长才智、提升技能。随后，国务院发布《关于推动现代职业教育高质量发展的意见》，对创新校企合作办学机制，吸纳行业龙头企业深度参与职业教育方面做出了要求。实习作为职业教育人才培养计划中的重要一环，被摆到了更重要的位置。

第一节 新时代职业院校学生实习的概念及特点

一、实习的概念

实习，就是在实践中学习。对于学生来说，在学校课堂上经过一段时间的理论学习之后，需要加深对知识的理解和认识，了解自己所学的知识与实践在现实中的应用情况，巩固自己所学的知识，在实践中再一次印证和提升，从而进一步运用所学知识来解决实际问题，丰富实践经验和实际操作技能，提高将知识转化为实践的能力。

职业院校学生实习，是指中职学校、高职专科学校、高职本科学校学生按照专业技能培养目标要求和人才培养方案安排，由职业院校安排或者经职业院校批准到企业等单位进行职业道德和技术技能培养的实践性教育教学活动。

实习是新时代职业教育不可缺少的重要组成部分和不可替代的重要环节。2019 年国务院印发《国家职业教育改革实施方案》明确要求：职业院校实践性教学课时原则上占总课时一半以上，顶岗实习时间一般为 6 个月。

纸上得来终觉浅，绝知此事要躬行。实践是学生的第二课堂，是知识常新和发展的源泉，是检验真理的试金石，也是学生锻炼成长最有效的途径。当今世界正经历百年未有之大变局，新一轮全球科技革命引发的新职业、新形态脱颖而出，广大青年学生要按照习近平总书记的重要指示精神，深入各行各业，努力向各领域的能工巧匠、大国工匠学习，在全面建设社会主义现代化国家新征程中，为中华民族伟大复兴而贡献青春力量。

二、实习的特点

职业院校学生到企业实习是各方面能力得到全面提升的过程，有着自己的成长规律和特点。

（一）学生实习最大的特点是在生产一线开展

从安全角度考虑，制造类专业的工作环境相对比较封闭，工作内容、工作强度都是学生之前没有接触和预料到的。企业会要求学生快速学习岗位基本知识，不可能让学生慢慢适应，也绝不是轻松清闲地在办公室坐着等任务。因而，学生要做好充分的准备，要有到基层一线去淬火、去历练的决心。

（二）学生不再保留整班实习，地点分布分散

有些实习企业接待能力强，能接受整班学生来实习，但也会将学生分到各车间；有些企业接待不了那么多学生，因而实习地点大多分散。分散实习增加了管理的难度，安全风险也随之加大，职业院校和实习企业应制定各种安全事件应急预案。

（三）学生实习有鲜明的年轻人成长规律的特点

在学生全面适应社会和岗位的过程中，实习过程大致有 3 个阶段，即兴奋好奇期、矛盾冲突期、稳定妥协期。实习单位和学校的指导老师需要掌握学生实习过程中的成长规律及心理变化特点，有的放矢地开展指导工作，及时疏导，以取得事半功倍的效果。

（四）学生自身不足和社会经验不够丰富，防范意识不强

从校园到社会，学生的防范意识较为薄弱，无论是在工作方面还是在法律层面都容易遇到陷阱，例如：进入传销、私人博彩等非法组织机构，或者被招聘中介欺骗，缴纳各种名目的“入职费用”等。因而需要加强学生的安全防范教育。

第二节 新时代背景下职业院校学生实习的意义

职业院校学生的实习，实际上也是学习、教学的过程，让学生提前了解社会，体验岗位工作环境，最大限度地提高学生自身的综合素质。

一、对学生进行思想政治和道德品质教育的有效途径

在生产实习中，可以对学生进行劳动观念、爱护公共财物、组织纪律性、职业道德等方面的具体教育。

二、贯彻理论联系实际原则的好方法

学生以实际工作者的身份，直接参与生产过程，既可运用已有的知识技能完成一定的生产任务，又可学习实际生产技术知识或管理知识，掌握生产技能，培养管理能力，并且通过实习巩固、丰富与提高理论知识。

三、检验教学质量的重要手段

生产实习可以对学生专业知识、技能的实际水平，为社会主义建设服务的专业思想，社会主义劳动纪律与职业道德，以及教师的教学效果和思想工作，进行一次综合性的社会检验。

四、提升学生在校学习能力

实习可以帮助学生扩展学习方法、开阔视野。大部分学生经历了岗位实习后，认可顶岗过程对学业生涯的帮助，从中获得了理论与实践有效结合的经验。岗位实习锻炼了学生自身素质，使其综合能力得到提升，也让

学生对未来职业的选择有了较深刻的认识，并促使学生学习、组织管理、沟通表达能力的进一步发展。

五、促进学生就业意愿的确立

岗位实习有利于确立职业院校学生就业意愿，在择业和就业中提前获得经验积累。岗位实习在学生的职业认同中发挥了重要的优势，有的学生通过岗位实习确立了自己成为教师的决心，而且大多数后来也的确成了教师。通过岗位实习，学生能明确自己要从事何种职业，为职业生涯做出规划。并且，学生在求职过程中，因为已有岗位实习积累的经验，在表达意愿、展示能力时能够发挥得更加充分，更容易与招聘单位达成一致意见。

六、帮助学生尽早适应职业角色

岗位实习有利于学生就业后尽快进入职业角色，处理应对复杂的工作失误。岗位实习类似以赛代练，能给学生实战感，就像进入职场后的实际演练。对于实践经验较少的学生来讲，这是非常宝贵的机会，也正是由于这样的机会，学生在后来真正进入职场的时候，能更早、更好地运用其能力，在岗位上拔得头筹并持久发力，对工作的满意度也会提高。

第三节 职业院校学生实习的分类、发展与趋势

一、实习的分类

（一）实习按认识过程来分

根据认识过程的不同阶段，实习可以分为认识实习、跟岗实习、顶岗实习和毕业实习。

认识实习是指学生由职业院校组织到实习单位参观、观摩和体验，形成对实习单位和相关岗位的初步认识的活动。让学生对未来工作情景有所了解，获得感性认识，增进理论与实际的联系，为学习专业课做准备。认识实习通常在专业课程学习之前或初期进行，其目的是使学生对所学专业的知识领域和内容有一个初步的了解。通过教师和工程技术人员的当堂授课以及工人师傅们的现场演示，学生能全面而详细地了解相关生产工艺过程。实习的过程中，学生要学会从技术人员和工人师傅那里获得直接和间接的生产实践经验，积累相关的生产知识。通过认识实习，学生要学习本专业方面的生产实践知识，为专业课学习打下坚实的基础。

跟岗实习是指不具有独立操作能力、不能完全适应实习岗位要求的学生，由职业院校组织到实习单位的相应岗位，在专业人员指导下部分参与实际辅助工作的活动。跟岗学习是“跟着干、辅助工作、辅助完成”，区别于顶岗实习的“自己干、独立工作、独立完成”。跟岗实习是顶岗实习前的重要环节。在学生顶岗实习前安排一周到一月的跟岗实习，学生能提前认识实习环境，了解企业文化，熟悉企业规章制度，体会实习工作中的酸甜苦辣，从而磨炼意志，为最后的顶岗实习打下良好的基础。

顶岗实习是指初步具备实践岗位独立工作能力的学生，到相应实习岗位，相对独立参与实际工作的活动。学生在基本完成教学实习和学过大部分基础技术课之后，到专业对口的现场直接参与生产过程，综合运用本专业所学的知识和技能，以完成一定的生产任务，并进一步获得感性认识，掌握操作技能，学习企业管理，这是养成正确劳动态度的一种实践性教学形式。顶岗实习让学生完全履行其实习岗位的所有职责，独当一面，具有很大的挑战性，对学生的能力锻炼有重要作用。

毕业实习是指学生在学完全部课程之后，确定学生毕业论文或毕业设计的题目之后进行的。其核心是为了帮助学生解决该课题所涉及的工程技术问题而开展的实践调研和资料准备活动。通过一定的基础性、前置性现场生产实习，学生能获取独立工作能力，在思想上、业务上得到全面锻炼，培养综合职业能力，从而有目的地围绕毕业设计（或毕业论文）开展研究，为撰写毕业论文做好准备。一般来说，毕业实习时间长，接触的技术领域具体而真实，涉及的专业内容深入而系统。

（二）按实习方式来分

根据实习的开展方式来分，实习可以分为：集中实习、分散实习等。

集中实习是指由学校与企业，一起联合组织在校学生集体去该企业进行实习，并由学校与实习企业一起完成实习鉴定的一种实习。这种模式特别适合与学校有长期稳定战略合作的大型企业。例如上汽通用五菱汽车股份有限公司，在柳州有河西基地和宝骏基地，有培训教室、宿舍、食堂、体育运动场所，生活设施完善。集中实习时有利于同学之间的交流互助，从而快速适应工作。同时指导老师会按照学校的要求进行严格把控，对学生的实习给予一定的规范管理。学生操心少，且实习与专业有关，能够学以致用，但是弊端在于学生可选择的范围小。

分散实习是由学生自己去找实习单位，实习期结束后由实习单位出具实习鉴定的一种实习。分散实习需要学生自己处理很多事情，独自面对职场挑战。这能在一定程度上培养学生的独立能力，更有利于在以后的面试中从容淡定，帮助学生找到适合自己的工作。

二、实习发展与趋势

根据 2021 年 12 月教育部等八部门颁发的新修订的《职业学校学生实习管理规定》，职业院校学生实习分为认识实习和岗位实习。新规定删除了“顶岗实习”，不再细分“跟岗实习”和“顶岗实习”。

新定义的岗位实习指具备一定实践岗位工作能力的学生，在专业人员指导下，辅助或相对独立参与实际工作的活动。这个规定进一步强调了实习的性质并优化了内涵和边界。同时提出，符合条件的生产性实训基地、厂中校、校中厂、虚拟仿真实训基地等，可作为实习单位。这一规定以学生实习回归教学本质作为根本目标，体现实习管理新理念、新要求，不再强调“顶岗”的要求。未来的实习管理，需要强化实习教学在培养技术技能人才中的作用，进一步完善实习体系，完善实习岗位供给结构，提升实习质量。

工业革命后，人类社会发生了大变革，而如今以互联网、智能技术、生物技术为代表的新一轮技术革命所催生的新一轮产业革命，又深刻改变了全球经济社会发展的格局，不断孵化催生出新技术、新产品、新业态、新岗位、新模式，引领了新一轮科技革命和产业革命。一大批“新经济企业”如雨后春笋般诞生，5G、大数据、区块链、人工智能等催生的新经济形态正在茁壮成长。职业院校的青年学生，一定要紧紧抓住新时代机遇，坚持胸怀天下、脚踏实地、磨砺本领，与时代脉动，创造属于年轻一代的精彩人生。

当前职业院校学生的实习，大部分都是统一安排的集中实习，这种实习模式还是有一些不足。例如实习过程中，学校、企业和学生在实习期间缺乏沟通、管理，各方职责不够清晰明确，导致学生实习效果不佳。国内一些学者提出了“三位一体”式的新实习管理机制，这个机制突出学生的主体地位，基于共同的实习目标，由学校提出学生校外实习的总体规划，安排学生的实习基地、实习时长等，企业通过对接具体学生，针对性地安排实习内容，做好实习预案。学生按学校规划，遵循学校、企业的安排，在实习中不断完善自身的知识结构。这套实习机制目前还在尝试阶段，成功实施后能发挥学生的主体性，激发学生的积极性，从而帮助学生创造性地完成实习。

第四节 汽车专业学生实习的创新与特色

上汽通用五菱汽车股份有限公司是广西的汽车龙头企业，拥有员工约2.5万人，目前拥有柳州河西基地、柳州宝骏基地、青岛分公司和重庆分公司4大制造基地。产品广受客户欢迎，连续9年保持国内单一车企销量冠军，积累了超过1 300万用户，是国内领先、国际上有竞争力的汽车公司。上汽通用五菱作为广西汽车产业人才高地，高度重视员工技术技能水平提升，通过产业学院、双师平台、工匠体系、职业技能自主认定、新业务等平台，为全产业链培养了无数高素质技能型人才。

近年来，柳州城市职业学院深化产教融合，坚持项目引领，与上汽通用五菱汽车股份有限公司建立战略合作关系，先后签订了《校企合作框架协议》《国际化联合办学合作协议》，共建了“中印上汽通用五菱汽车学院”“产教协同创新学院”“汽车敏捷试制产业学院”等，合作完成13本教材的编写，开展了60多期机器人、工业通信等智能制造培训，取得了一系列产学研成果。

2022年，柳州城市职业学院与上汽通用五菱再次深度合作，在校内建立开放共享的产教融合实训基地——五菱汽车全球定制化服务研发中心。此项目根植新能源汽车后市场个性化定制，推行现代学徒制人才培养模式改革，校企联合开办“膜法师”订单班，成为学生和企业人才的实习实训基地，为上汽通用五菱输送汽车前沿技术人才。未来计划通过校企合作共建新能源汽车产学研用体系，力争5年内打造成国家级高水平产教融合实训基地。

上汽通用五菱汽车股份有限公司是柳州城市职业学院的重要实习基地。2015—2018年，双方共同培养的200名印度尼西亚籍的留学生，经过学习、实习后，顺利回到上汽通用五菱印尼公司工作，为该公司顺利投产做出了贡献。

近 3 年来，柳州城市职业学院约有 1 000 多名学生到上汽通用五菱汽车股份有限公司开展岗位实习，取得了良好的效果，使学生磨炼了意志、学到了知识、锻炼了技能，在社会上的认可度普遍较高。到上汽通用五菱实习过的学生毕业后，基本上全部都通过单位考核，成为上汽通用五菱汽车股份有限公司的员工。

2022 年，上汽通用五菱汽车股份有限公司举办产教融合“Ling Master 菱大师”研讨会，柳州城市职业学院与上汽通用五菱校企之间构建命运共同体的合作模式得到兄弟院校的高度赞许。在这次研讨会上，上汽通用五菱汽车股份有限公司授予柳州城市职业学院“产教融合卓越合作院校”荣誉称号。

02

第二章

实习安全教育与管理

职业院校学生到企业开展岗位实习，安全是第一位重要的工作。岗位实习中学生的安全，时刻牵动着实习企业、学校和家长三方的心。为确保学生的健康和安全，首先要从学生自身做起，加强其安全知识学习，牢固树立“安全第一”的意识，熟识国家关于安全生产的要求。实习企业和职业院校要加强实习管理，安排学生到企业开展岗位实习的全过程、各环节都需要周密、细致，以保障岗位实习安全、顺利进行。

第一节
安全实习的基本概念

一、实习安全相关概念

（一）安全与危险

“无危则安，无缺则全。”安全是指没有受到威胁，没有危险、危害、损失。人类与生存环境资源和谐相处，互相不伤害，不存在危险、危害的隐患，是免除了不可接受的损害风险的状态。安全是在人类生产过程中，将系统的运行状态对人类的生命、财产、环境可能产生的损害控制在人类能接受水平以下的状态。

安全是一种状态，是人们免遭不可接受风险的状态。这里的状态是指一个物体、一个事物、一个时间段、一个空间环境、一个组织或单位等的状态。根据技术发展、知识水平、社会发展阶段的不同，人们会有不同的认识、不同的安全标准，也就是说，安全事实上具有相对性。

广义安全的内涵及其扩展包括 3 个方面的内容：其一，安全是指人的身心安全健康，不仅仅是人的躯体不伤、不病、不死，而且还要保障人的心理健康；其二，安全涉及的范围超出了生产、劳动的时空领域，扩展到人能进行活动的一切领域；其三，根据社会文明、科技进步、经济发展、生活富裕的程度不同，人们对安全需求的水平和质量具有不同时代感的全新内容和标准。

危险是指某一系统、产品、设备或操作的内部和外部的可能造成人或物伤害、职业病、财产损失、作业环境破坏的状态。危险是一种状态，它可以引起人身伤亡、设备破损或降低完成预定功能的能力。

危险性表示危险的相对暴露程度。某种物体可能存在危险，但由于采取了预防措施，危险性可能降低。例如高压变压器组，只要通电，就有使人触电死亡的固有危险性。如果这个变压器组不加防护就放在人员比较集中的地方，则有高度危险性。

安全与危险的辩证关系：

（1）安全，没有绝对的安全；危险，也没有绝对的危险。

（2）安全与危险两者之间既相互联系，又相互对立，且在一定的条件下还可以互相转换。

（3）危险并不可怕，可怕的是思想麻痹，意识不到危险。看似安全的环境里，往往存在事故的滋生地。

（4）表面的安全、表面的危险都不是绝对的。看似安全的工作，我们不去重视，安全的东西会成为祸根；只要我们去重视，危险也可以转化为安全。

传统安全观认为安全和危险是两个互不相容的概念；而系统安全观认为不存在绝对的安全，安全是一种模糊数学（Fuzzy Mathematics）的概念。按模糊数学的说法，危险性就是安全的隶属度。当危险性低于某种程度时，人们就认为是安全的。

（二）隐患与风险

隐患最初的含义就是隐藏的祸患。安全生产领域所指的隐患泛指现存系统中可导致事故发生的物的不安全状态、人的不安全行为和管理上的缺陷。这种潜在危险可能导致人身伤害或者经济损失。通常通过检查、分析，人们可以发现、察觉潜在危险。潜在危险本质上属于危险的一部分。

风险指某种特定的危险事件（事故或意外事件）发生的可能性与其产生的后果的组合。通过风险的定义可以看出，在危害存在的情况下，风险是由两个因素共同作用组合而成：一是该危险发生的可能性，即危险概率；二是该危险事件发生后所产生的后果。

安全风险强调的是损失的不确定性，其中包括发生与否的不确定、发生时间的不确定和导致结果的不确定等。

风险（Risk）可看成是危害（Hazard）、概率（Probability）和影响（Influence）3 个变量的一个函数。

$$R=f(H, P, I)$$

式中，R——风险；

H——危害；

P——发生危害的概率；

I——发生危害的严重性。

风险和隐患是两个不同的概念：

（1）风险是指发生危险的可能性，不是指危险本身。

（2）隐患属于危险的一部分。

（3）风险是个概率问题，通常是指某件事的负面效果发生的概率及程度问题。

（4）隐患是不确定因素，是指影响风险概率及其程度的不确定因素问题。

（5）风险是对客观的可能性进行的主观评价。

（6）隐患是客观存在的。

【知识扩展】

风险有两种定义：一种定义强调了风险表现为不确定性；而另一种定义则强调了风险表现为损失的不确定性。

若风险表现为不确定性，说明风险只能表现出损失，没有从风险中获利的可能性，属于狭义的风险。而广义的风险表现为损失的不确定性，说明风险产生的结果可能带来损失、获利或是无损失也无获利，金融风险则属于此类。

（三）事故与事故隐患

事故是指造成人员死亡、伤害、职业病、财产损失或其他损失的意外事件。简单来说，事故就是干扰一个有计划活动的意外或不希望有的事情。《生产安全事故报告和调查处理条例》（国务院令第 493 号）将“生产安全事故”定义为：生产经营活动中发生的造成人身伤害或者直接经济损失的事件。

事故一般有如下 4 种结果：

（1）人受到伤害，物也受到损坏。例如锅炉发生爆炸，使在场或附近的人受伤，锅炉损毁。

（2）人受到伤害，而物没有被损坏。例如人从高空坠落而使坠落者受伤害，而物没有被损坏。

（3）人没有受到伤害，物受到损坏。例如电器火灾，引起厂房、设备等受损，而人员因安全撤离而未受到伤害。

（4）人没有受到伤害，物也没有损坏，只有直接和间接的经济损失。例如生产作业中，突然停电而使生产作业暂时停止，人和物都没有受到伤害、直接损坏。

以上 4 种情况中，前两种情况的事故常称为伤亡事故，后两种情况称为一般事故，或称为无伤害事故。值得注意的是：无论是伤亡事故还是一般事故，总是有损失存在的。事故发生总是影响人们行为的继续，这就从时间上给人们造成损失，从而致使间接的经济损失产生。另外，事故的结果具有时间上的偶然性，同样类型的事故，虽然有时未造成伤亡，但到底会不会受到伤害，是一个难以预料的问题。所以，在企业安全生产管理中，无论是伤亡事故还是无伤害事故都应该引起重视。

对待事故的一个普遍的偏见是仅将伤亡事故认定成事故，而不将一般事故认定成事故。这是因为伤亡事故给人的印象非常深刻，而一般事故后果轻微，容易被人们忽略。这种偏见对安全工作十分不利。美国安全工程师海因里希根据大量的事故统计，提出了海因里希法则（Heinrich's Law），即 300∶29∶1 法则。这个法则意为：在机械生产过程中，每发生 330 起意外事件，有 300 件未产生人员伤害，29 件造成人员轻伤，1 件导致重伤或死亡。

这一法则完全可以用于企业的安全管理中，即在一件重大的事故背后必有 29 件轻度的事故，还有 300 件潜在的隐患。

（四）生产安全事故分类

1.按事故伤亡和损失程度来分

《生产安全事故报告和调查处理条例》规定，根据生产安全事故造成的人员伤亡或者直接经济损失，事故一般分为以下等级：

特别重大事故，是指造成 30 人以上死亡，或者 100 人以上重伤（包括急性工业中毒，下同），或者 1 亿元以上直接经济损失的事故。

重大事故，是指造成 10 人以上 30 人以下死亡，或者 50 人以上 100 人以下重伤，或者 5 000 万元以上 1 亿元以下直接经济损失的事故。

较大事故，是指造成 3 人以上 10 人以下死亡，或者 10 人以上 50 人以下重伤，或者 1 000 万元以上 5 000 万元以下直接经济损失的事故。

一般事故，是指造成 3 人以下死亡，或者 10 人以下重伤，或者 1 000 万元以下直接经济损失的事故。

注：“以上”包括本数，“以下”不包括本数。

2.按人身伤害程度来分

根据中华人民共和国国家标准《企业职工伤亡事故分类标准》（1987 年 2 月 1 日起实施），企业职工在生产劳动过程中发生的伤亡事故有以下分类：

轻伤事故，指只有轻伤的事故，也就是指损失工作日为 1 个工作日以上（含 1 个工作日），105 个工作日以下的失能伤害。

重伤事故，指有重伤无死亡的事故，也就是指损失工作日为105工作日以上（含105个工作日），6 000个工作日以下的失能伤害。

重大伤亡事故，指1～2人死亡的事故，也就是指损失工作日为6 000工作日以上（含6 000工作日）的失能伤害。

特大伤亡事故，指3人以上死亡的事故。

3.按事故伤害原因来分

根据中华人民共和国国家标准《企业职工伤亡事故分类标准》（1987年2月1日起实施），按人体受伤的类型来分，可将事故分为20类：①物体打击；②车辆伤害；③机械伤害；④起重伤害；⑤触电；⑥淹溺；⑦灼烫；⑧火灾；⑨高处坠落；⑩坍塌；⑪冒顶片帮；⑫透水；⑬放炮；⑭火药爆炸；⑮瓦斯爆炸；⑯锅炉爆炸；⑰容器爆炸；⑱其他爆炸；⑲中毒和窒息；⑳其他伤害。

事故隐患是引发安全事故的直接原因，重大事故隐患是指可能导致重大人身伤亡或者重大经济损失的事故隐患。加强对重大事故隐患的控制管理，对于预防特大安全事故有重要的意义。

根据国家安全生产监督管理总局（现"应急管理部"）颁布的《安全生产事故隐患排查治理暂行规定》（2008年2月1日起施行），将"安全生产事故隐患"定义为："生产经营单位违反安全生产法律、法规、规章、标准、规程和安全生产管理制度的规定，或者因其他因素在生产经营活动中存在可能导致事故发生的物的危险状态、人的不安全行为和管理上的缺陷。"

事故隐患分为一般事故隐患和重大事故隐患。一般事故隐患，是指危害和整改难度较小，发现后能够立即整改排除的隐患。重大事故隐患，是指危害和整改难度较大，应当全部或者局部停产停业，并经过一定时间整改治理方能排除的隐患，或者因外部因素影响致使生产经营单位自身难以排除的隐患。

（五）安全生产基本原则

安全生产是为了使生产过程在符合物质条件和工作秩序下进行，防止发生人身伤亡和财产损失等生产事故，消除或控制危险、有害因素，保障人身安全与健康、设备和设施免受损坏、环境免遭破坏的总称。

学生在生产一线岗位实习，应该懂得一些必要的安全生产基本原则。部分安全生产基本原则如下：

1.“三同时”原则

“三同时”原则是指我国境内新建、改建、扩建的基本建设项目（工程）和技术改造项目（工程），其劳动安全卫生设施必须与主体工程同时设计、同时施工、同时投入生产和使用。

“三同时”原则要求生产性建设工程项目在投产使用时，必须要有相应符合国家规定标准的劳动安全卫生设施与之配套使用，使劳动条件符合安全卫生要求。

2.“五同时”原则

“五同时”是指企业生产组织及领导者在计划、布置、检查、总结、评比生产的时候，同时计划、布置、检查、总结、评比安全工作。

“五同时”要求企业把安全生产工作落实到每一个生产组织管理环节中去，要求企业在管理生产的同时必须认真贯彻执行国家安全生产方针、法律法规，建立健全各种安全生产规章制度，如安全生产责任制、各类安全操作规程等。

3.四不伤害原则

（1）不伤害自己。不伤害自己，就是要提高自我保护意识，不能由于自己的疏忽、失误而使自己受到伤害。它取决于自己的安全意识、安全知识、对工作任务的熟悉程度、岗位技能、工作态度、工作方法、精神状态、作业行为等多方面因素。

（2）不伤害他人。我不伤害他人，就是我的行为或后果，不能给他人造成伤害。在多人作业或交叉作业时，由于自己不遵守操作规程，对作业现场周围观察不够，以及自己操作失误等原因，自己的行为可能对现场周围的人造成伤害。

（3）不被他人伤害。不被他人伤害，即每个人都要加强自我防范意识，工作中要避免他人的过失行为或作业环境及其他隐患对自己造成伤害。

（4）保护他人不被伤害。组织中的每个成员都是团队中的一份子，作为组织的一员有关心爱护他人的责任和义务，不仅要注意安全，还要保护团队的其他成员不受伤害。

二、实习安全要求

（一）安全生产法的相关规定

根据2021年6月10日第十三届全国人民代表大会常务委员会第二十九次会议修订，自2021年9月1日起施行的《中华人民共和国安全生产法》第二十八条对生产经营单位从业人员教育和培训、中职职业学校、高等学校学生实习要进行相应的安全生产教育和培训、提供必要的劳动防护用品，为从业人员缴纳保险费等提出了具体的要求，并明确了相应的法律责任。

第二十八条　生产经营单位应当对从业人员进行安全生产教育和培训，保证从业人员具备必要的安全生产知识，熟悉有关的安全生产规章制度和安全操作规程，掌握本岗位的安全操作技能，了解事故应急处理措施，知悉自身在安全生产方面的权利和义务。未经安全生产教育和培训合格的从业人员，不得上岗作业。

生产经营单位使用被派遣劳动者的，应当将被派遣劳动者纳入本单位从业人员统一管理，对被派遣劳动者进行岗位安全操作规程和安全操作技能的教育和培训。劳务派遣单位应当对被派遣劳动者进行必要的安全生产教育和培训。

生产经营单位接收中等职业学校、高等学校学生实习的，应当对实习学生进行相应的安全生产教育和培训，提供必要的劳动防护用品。学校应当协助生产经营单位对实习学生进行安全生产教育和培训。

生产经营单位应当建立安全生产教育和培训档案，如实记录安全生产教育和培训的时间、内容、参加人员以及考核结果等情况。

第九十七条　生产经营单位有下列行为之一的，责令限期改正，处十万元以下的罚款；逾期未改正的，责令停产停业整顿，并处十万元以上二十万元以下的罚款，对其直接负责的主管人员和其他直接责任人员处二万元以上五万元以下的罚款：

未按照规定对从业人员、被派遣劳动者、实习学生进行安全生产教育和培训，或者未按照规定如实告知有关的安全生产事项的；

……

（二）教育法的相关规定

2021 年 4 月 29 日第十三届全国人民代表大会常务委员会第二十八次会议通过修订的《中华人民共和国教育法》鼓励社会各单位应接受职业院校实习生的实习。

第四十八条　国家机关、军队、企业事业组织及其他社会组织应当为学校组织的学生实习、社会实践活动提供帮助和便利。

1996 年 5 月 15 日第八届全国人民代表大会常务委员会第十九次会议通过，自 1996 年 9 月 1 日起施行的《中华人民共和国职业教育法》，明确指出政府和社会各界要加强生产实习基地建设，鼓励社会各界接纳职业院校学生实习。

第三十七条　国务院有关部门、县级以上地方各级人民政府以及举办职业学校、职业培训机构的组织、公民个人，应当加强职业教育生产实习基地的建设。企业、事业组织应当接纳职业学校和职业培训机构的学生和教师实习；对上岗实习的，应当给予适当的劳动报酬。

2019 年 12 月，教育部发布《中华人民共和国职业教育法修订草案（征求意见稿）》。

第四十五条 鼓励企业、事业单位安排实习岗位，接纳职业学校和职业培训机构的学生（学员）实习。接纳实习的企业、事业单位应当保障学生（学员）在实习期间按规定享有休息休假、获得劳动安全卫生保护、接受职业技能指导等权利，对上岗实习的，应当签订实习协议，给予适当的劳动报酬。职业学校和职业培训机构应当加强对实习实训学生（学员）的指导，协商实习单位安排与学生（学员）所学专业相匹配的实习实训岗位，不得安排学生（学员）从事与所学专业无关的实习实训，不得通过人力资源服务机构、劳务派遣单位或者非法从事人力资源服务、劳务派遣业务的单位或个人组织、安排、管理学生（学员）实习。

（三）国务院的相关规定

2019 年，国务院印发《国家职业教育改革实施方案》，明确指出加大职业院校学生的实践课程，规定职业院校到企业实习的时间。

到 2022 年，职业院校教学条件基本达标，一大批普通本科高等学校向应用型转变，建设 50 所高水平高等职业学校和 150 个骨干专业（群）。建成覆盖大部分行业领域、具有国际先进水平的中国职业教育标准体系。企业参与职业教育的积极性有较大提升，培育数以万计的产教融合型企业，打造一批优秀职业教育培训评价组织，推动建设 300 个具有辐射引领作用的高水平专业化产教融合实训基地。职业院校实践性教学课时原则上占总课时一半以上，顶岗实习时间一般为 6 个月。

2005 年，国务院颁布《关于大力推进职业教育改革与发展的决定》，要求企业建立接收职业院校学生实习的制度，在职业院校学生到企业实习期间，企业要组织好实训工作，做好学生实习中的劳动保护、安全等工作。

（十）大力推行工学结合、校企合作的培养模式。与企业紧密联系，加强学生的生产实习和社会实践，改革以学校和课堂为中心的传统人才培养模式。中等职业学校在校学生最后一年要到企业等用人单位顶岗实习，高等职业院校学生实习实训时间不少于半年。建立企业接收职业院校学生实习的制度。实习期间，企业要与学校共同组织好学生的相关专业理论教学和技能实训工作，做好学生实习中的劳动保护、安全等工作，为顶岗实习的学生支付合理报酬。逐步建立和完善半工半读制度，在部分职业院校中开展学生通过半工半读实现免费接受职业教育的试点，取得经验后逐步推广。

（四）教育部等相关部门规定

2021 年 12 月 31 日，教育部等八部门颁布新修订的《职业学校学生实习管理规定》，强化了对职校学生的实习保护，明确了职业学校和实习单位对学生基本权利保护和劳动保护的禁止性要求，涉及实习年级、实习年龄、实习场所、劳动强度、劳动禁忌和劳动加班等多方面，与劳动法、安全生产法、未成年人保护法、职业病防治法等相关法规紧密衔接。

第十三条　职业学校应当明确学生实习工作分管校长和责任部门，规模大的学校应当设立专门管理部门，建立健全学生实习管理岗位责任制和相关管理制度与运行机制；会同实习单位制定学生实习工作具体管理办法和安全管理规定、实习学生安全及突发事件应急预案等制度。

第三十条　职业学校和实习单位要确立“安全第一、预防为主”的原则，强化实习单位主要负责人安全生产第一责任人职责，严格执行国家及地方安全生产、职业卫生、人格权保护等有关规定。职业学校主管部门应当会同相关行业主管部门加强实习安全监督检查。

第三十一条　实习单位应当健全本单位安全生产责任制，执行相关安全生产标准，健全安全生产规章制度和操作规程，制定生产安全事故应急救援预案，配备必要的安全保障器材和劳动防护用品，加强对实习学生的安全生产教育培训和管理，保障学生实习期间的人身安全和健康。未经教育培训或未通过考核的学生不得参加实习。

第三十二条 实习学生应遵守国家法律法规、校纪校规和实习单位安全管理规定，认真完成实习方案规定的实习任务，提高自我保护意识。

（五）地方政府规定

2020年2月27日，广西壮族自治区教育厅等五部门颁布《广西壮族自治区职业学校学生实习管理实施细则》，就职业院校学生到企业开展岗位实习相关问题做出规定，提出规范和加强职业学校学生实习工作，切实维护学生、学校和实习单位的合法权益。

第五条 职业学校应当选择合法经营、管理规范、实习设备完备、符合安全生产法律法规要求的实习单位安排学生实习。学生自行选择顶岗实习单位的，应由成年学生本人或未成年学生及其监护人书面承诺该实习单位符合本条对实习单位的要求，并签订实习协议。认识实习、跟岗实习由职业学校安排，学生不得自行选择。

第十条 职业学校应当会同实习单位制定学生实习工作的管理制度，包括学生实习工作具体管理办法、实习指导教师管理办法、实习成绩评定办法、实习安全管理细则、实习突发事件应急预案、实习信息共享机制和检查督查机制等。

从国务院到地方政府都出台了详细的法律法规和工作要求，以立法的形式规定了职业院校学生到企业和社会各单位进行岗位实习的规范，保障实习的安全和其他保障规定，需要我们认真学习和贯彻执行。

三、实习安全危险因素

职业院校学生，离开相对封闭的学校，深入社会，走进企事业单位，深入一线开展岗位实习，生活场所、实习环境、学习方式都发生了极大的变化，产生了许多学校不曾面临的、可能引起伤害事故的危险因素。在岗位实习过程中，学生会出现一些安全事故。常见的安全危险因素主要有以下几类：

（一）人身安全风险

学生人身安全风险是实习过程中最常见的，其后果往往也是最严重的，会导致学生伤残、失踪甚至死亡。学生人身安全风险主要在生产作业中产生，主要有：学生专业能力欠缺引起的操作失误；企业机械设备、建筑设施存在故障或安全隐患，安全管理存在漏洞；学生心理或生活问题未能及时沟通解决；学校或实习管理不善等。对于岗位实习，学校虽有明确的目标，但在具体实施过程中缺乏明确的程序和问责制度，学生在思想上不够重视，缺乏防范意识，从而导致实习过程中出现诸多预料不到的风险。

（二）财产安全风险

学生进入企业实习，有的企业统一安排条件较好的集体宿舍。有的因条件制约，需要学生自行租赁住处。住宿环境的防盗设施简陋、周边生活环境隐患较多，给学生财产安全带来风险。

（三）交通安全风险

学生进入企业实习后不像在学校上下课那样有规律，可支配的自由空间增多，驻厂指导老师又不能随时跟踪他们的行踪，因而实习工作之余便结对搭便车，还有些学生自行骑电动车，去逛街或者到其他同学的实习点交流或擅自回家。由于交通安全意识较差，容易发生交通事故。而有些学生在搭乘企业通勤车，过马路或者赶赴上车点时，不注意交通安全，从而引发交通安全事故。

（四）网络安全风险

如今学生已经离不开电子设备，网络世界是他们生活的一部分。网络在迅速发展及广泛应用的同时，网络犯罪的出现也给社会造成许多灾难性的影响。学生思想活跃、富有朝气，但世界观、人生观和价值观尚未完全成熟，对网络信息文化判断能力较弱，易受某些反动政治观点的影响，通过转帖、讨论等方式关注一些敏感词、新奇话题，在不经意间成为反动言论的传播者。此外，网络世界的诈骗技术也日新月异，电信网络诈骗十分猖狂，有的以发放贫困助学金为名，有的以为学生安排就业为名，专门骗取学生的财物，收取“培训贷”，严重影响社会和谐稳定。2016 年，“两高一部”共同制定出台了《关于办理电信网络诈骗等刑事案件适用法律若干问题的意见》，明确对诈骗造成被害人自杀、死亡或者精神失常等严重后果的，冒充司法机关等国家机关工作人员实施诈骗的，组织、指挥电信网络诈骗犯罪团伙的，诈骗在校学生财物的，要酌情从重处罚。

（五）心理安全风险

学生在实习中，已经进入到社会环境。因无法处理很多问题，工作又辛苦，收入不一定高，而产生了对人生、前途消极、迷茫的心理状态。对待岗位实习的心态不够端正，如一些学生在实习中会接触到或者看到一些成功人士，想通过不劳而获或者其他捷径过上他们认为的富裕、幸福的生活，会盲目崇拜金钱、把金钱价值看作最高价值，从而产生一些错误的思想观念和行为，消极参加实习。

学生实习面临的危险因素中，生产操作过程中的危险是实习企业必须重点考虑解决的危险因素，也是本书考虑的重点。

四、实习安全事故的特点

根据教育部选取的 80 万例样本分析，2013 年每 10 万名实习学生发生伤害事故的约为 78.65 人，其中死亡的约为 4.69 人，明显高于 2002 年的相关数据（每 10 万名实习学生中约 39.9 人发生伤害，3.96 人死亡）。实习生安全事故有以下特点：

（一）事故覆盖范围广

学生实习事故不仅发生在实习岗位中，还贯穿于包括交通、住宿、餐饮、娱乐等在内的整个实习过程中的各个工作、生活环节，因此，需要针对实习的过程和细节，采取全面的防范措施。

（二）个体性事故居多

在学校学习期间，多为有组织的集体活动，安全保护较为周全，师生间互相关照；而实习过程通常以小组或个体活动为主，组织性、纪律性较差，非预见性事件和场景时常发生，较易造成个体伤亡事件。因此，需要加强实习纪律，避免学生在实习期间参加各种非组织活动。

（三）学生风险意识和事故应对能力较差

学生自身风险意识及防范能力较差，对生产环境及交通、住宿、餐饮等外部环境不安全和事故隐患误判，对事故应急处置不当，在隐患和事故面前常常不知所措，或惊慌中出错，从而造成隐患的扩大和事故的发生。因此，必须加强对学生安全知识和安全技能的培训。

（四）实习岗位风险呈上升趋势

随着对学生解决工程实践问题能力要求的提高，各学校教学计划中均增加了实习、实践的内容。学生实习内容、时间都在增加，因此岗位风险也呈上升趋势。据统计，近年来，学生岗位实习事故数量占实习期间总事故数量的比例，以及岗位实习事故死亡人数占总死亡人数的比例均有所增加。因此，必须根据学生实习的新要求、新特点，不断完善实习期间的安全管理，遏制各种实习风险的发生。

五、实习安全事故的原因

实习安全事故的发生，主要有管理上的原因和学生自身的原因。

（一）管理方面的原因

（1）不同专业根据不同的人才培养方案，在不同时段、不同季节都有大批学生被安排岗位实习。单一企业接受人数也有限，学生大部分通过分散实习的方式安排岗位实习，同一班的学生被分派到不同的企业实习，企业地点分布比较广泛且不均衡。在实习安排高峰期，企业有时可能同时接收上千名学生来岗位实习，指导老师在安排、管理上难免应付不过来。企业和学校方面都很难做到让每个学生都得到指导老师面对面的教育和管理。学生之间、师生之间、学生和企业师傅之间信息互通困难加大。加上受制于其他因素，学校也无法派教师或辅导员每天巡回到所有的实习点进行及时检查指导，在某种程度上使学生管理陷入被动的局面。

（2）学生岗位实习与专业不对口增加了实习的风险。由于种种原因，学生的实习单位、实习内容与所学专业不对口。从事故后果分析，实习专业不对口，易导致学生无法胜任岗位工作，错误操作增加，最终酿成伤害事故。

（3）部分实习企业安全教育形式枯燥，内容单一，使安全教育内容难以吸收，实习企业对学生管理不严，学校对实习企业甄选不全面，或者交通安排不完善。进入岗位实习前培训仓促，岗前安全培训，设备操作培训未完全掌握，由于生产需要，匆忙上岗，导致安全事故发生。

（4）社会环境影响。有些实习企业周边环境治安状况较差，实习学生易卷入社会纠纷。或者由于同事矛盾无法得到正常的疏导，引发冲突，甚至发生打架斗殴等危害安全的事件。

（二）学生自身的原因

（1）学生自身的社会经验不足。职业院校学生自身的社会阅历与复杂的社会环境、生产状态之间存在较大反差，且在岗位实习过程中需要面对诸多环境的不确定因素，如可能会遇到火灾、毒害、机械伤害等危险因素。同时，职业院校学生思想相对比较单纯，遇到突发事件和紧急事件时往往容易冲动，不能正确处理，导致恶性事故扩大。

（2）法制意识淡薄。学生在实习期间，个人支配的时间比较充裕，相对比较自由，经常迟到，甚至出现脱岗、溜岗等不负责任的情况，有些在实习过程中逞强好胜，导致各种安全事故和违法事件发生。

（3）部分学生缺乏对职业素质的正确理解。学生不能正确理解自己的职业，职业生涯规划模糊，缺乏从事某一岗位最基本的、必备的职业技能。由于学生职业技能不足、缺乏应对岗位的专业技能，进入到实习点，陷入了无从下手的局面。因此，许多学生寻找各种理由，逃避岗位实习，混日子，甚至干脆一走了之，给学生自身安全和管理带来负面影响。

（4）学生自身安全意识比较薄弱。一份大学生安全意识调查情况表明，54%的学生使用过大功率电器，45.1%的学生不会使用消防栓或灭火器等消防器材；50.6%的学生基本不了解食物中毒的急救措施。调查数据显示，大学生在消防、防诈骗、交通、饮食等方面的安全意识较差，正是因为学生自身的安全意识不强，容易导致安全伤害事故的发生。

（5）学生安全防范技能不强。学生在实习中的安全防范技能不强主要表现在两个方面：一是日常生活的安全技能不强，如在实习基地对一些意外的危险因素处理不当，造成不必要的事故。调查发现，对于最基本的用电常识和触电急救知识，只有66%的学生选择马上切断电源这一正确方法。二是对实习中作业过程的安全操作技能不够了解，且学生来到企业参加实习的时间不长，工作经验少，也会导致安全伤害事故的发生。

可见，职业院校学生岗位实习安全问题涉及学生、学校、家庭和企业等各方面的因素。因而确保学生岗位实习安全需要各方的共同努力，切实采取措施才能做好学生实习安全保障工作。

第二节 实习安全教育

一、实习安全教育要求

多年前，国务院的有关决定就强调学生进入企业开展顶岗实习前要开展安全培训，实习过程要有过程管理，发生安全事故后要有风险保障等要求。《生产经营单位安全培训规定》《中华人民共和国安全生产法》都明确规定，职业院校要在学生进入企业实习前对其进行安全教育。

实习生跟一般的劳动者不同，其档案和人事关系仍然在学校，其间仍要遵守学校的各项规章制度、服从学校的管理。但是实习生在实习期间的大部分时间是由实习单位进行管理和安排的，在实习的过程中要服从和完成实习单位安排的工作任务，因此在实习期间，实习单位也要同学校一起承担教育、管理学生的职责。

二、实习安全教育基本内容

国家相关法律法规强调了实习单位应加强对实习生的安全生产教育培训和管理，但对实习生安全教育的内容没有做具体的规定。实习生与新员工有一定的相似性，可以参考国家相关法律法规确定企业单位对新员工的安全教育内容。

学生进行岗位实习期间，不但要接受企业一般的安全教育，也要接受专项的安全教育。

（一）企业一般安全教育

企业一般安全教育即三级安全教育。三级安全教育是指新入厂员工的厂级安全教育、车间级安全教育和班组级安全教育。三级安全教育制度是企业安全教育的基本教育制度。对调换新工种、复工，采用新技术、新工艺、新设备、新材料的工人，必须进行新岗位、新操作方法的安全教育，受教育者经考试合格后，方可上岗操作。

1.厂级安全教育的主要内容

（1）安全生产基本知识；

（2）国家和地方有关安全生产的方针、政策、法规、标准、规范；

（3）企业的性质及主要工艺流程；

（4）企业的安全生产规章制度，劳动纪律；

（5）企业存在的危害因素、防范措施及事故应急措施，事故案例分析等。

2.车间级安全教育的主要内容

（1）本车间的生产特点；

（2）本车间的安全生产规章制度；

（3）本车间的机械设备状况、危险区域及有毒有害作业的措施；

（4）本车间的安全生产情况，以及预防事故的措施等；

（5）本车间的典型安全事故案例等。

3.班组级安全教育的主要内容

（1）本班组的安全生产状况、工作性质和职责范围；

（2）本班组的安全生产规章制度和操作经验；

（3）本班组各种工装、器具及安全装置的性能及使用方法；

（4）本班组发生过的事故及教训；

（5）本班组劳动保护用品的使用和保管方法；

（6）工厂、车间内常见安全标志等。

（二）岗位实习学生的专项安全教育

开展岗位实习的学生除了接受实习单位的三级安全教育，还需要有针对性地开展专项安全教育，主要是指实习场所之外的有关安全教育，如有关食宿安全、外出周围环境安全等方面的安全教育，主要内容有：

（1）严格遵守国家的法律、法规和相关规定，不得从事任何违法活动。

（2）要增强安全防范意识，提高自我保护能力，明辨是非，拒绝他人的无理要求；不得私自到江河湖海、水库、山塘游泳或从事其他危险活动。

（3）注意实习期间的工作安全，实习期间意外的人身和财产安全，防火、防盗，防止各种事故的发生；同学之间互相关照，如发现身体不适等异常情况，应尽快报告实习指导老师。

（4）严格遵守实习纪律和实习单位的各项规章制度，服从管理。如不准携带任何与实习无关的物品进入实习单位；不得擅自动用实习单位设备器件；在实习单位内不得一边使用手机一边走路；实习期间有特殊情况需要请假的，必须向实习单位履行请假手续并报告学校驻厂老师。

（5）非工作原因，夜间不得擅自离开实习单位或者居住地外出活动，女生更要注意人身安全，穿着端庄、得体；在房间里要随时关闭门窗及窗帘。如确需外出，要结伴而行，并告知班干部及同寝室其他同学外出方向、联系方式，切记要及时返回。

（6）在实习期间要注意与家长保持信息畅通，而且要始终保持与驻厂实习指导老师的联系，及时汇报实习情况，积极主动地与驻厂实习指导老师共同解决实习中出现的各种问题。

（7）厂内从事高危工艺、特殊工种的实习生，如从事电工、电气焊、高空作业、机动车辆、危险化学品岗位等，需开展专项安全技术培训。

第三节 实习期保险

职业院校学生在企业岗位实习期间，虽身处实习单位，但目的是把课堂所学的理论与实践相结合，增强实际运用能力，属学校教学的延伸，其身份仍然是学生，档案和人事关系仍在学校，仍由学校管理。学生并不具有法律意义上的劳动者身份，与实习单位并无劳动关系，不受劳动法规调整，不适用工伤保险条例。工伤保险赔偿的主体只能是与用人单位建立劳动关系或事实劳动关系的劳动者。

由于在校学生与实习单位之间没有建立劳动关系，学生在岗位实习中发生事故遭受伤害，通常应按一般人身侵权损害赔偿处理。即根据学校、实习单位、实习生自己和实施损害行为的人等四方是否有过错，来决定民事赔偿责任的承担。有实习合同的，可循学校与企业之间签订的实习合同协商赔偿事宜，也就是说，依据合同约定的权利与义务并在区分责任的前提下进行赔偿，达成赔偿协议；无实习合同又协商不了的，可向人民法院提起民事诉讼救济。

一、实习期的人身保险

学生岗位实习期间，通常由实习单位为其购买团体意外伤害保险。团体意外伤害保险，是一种以团体方式投保的人身意外保险形式，而其保险责任、给付方式则与个人意外伤害保险相同。

人身意外伤害保险是指在人们没有预见到或违背被保险人意愿的情况下，突然发生的外来致害物对被保险人的身体明显、剧烈地侵害的客观事实。意外伤害保险是以被保险人因遭受意外事故造成的死亡或伤残为保险事故的人身保险。在全部人身保险业务中，只需支付少量保费就可获得高保障，投保简便，无须体检，所以承保人次较多，如旅行意外伤害保险、航空意外伤害保险。实习单位为实习生购买人身意外伤害保险后，当实习生在岗位实习期间，不幸发生意外伤害时，由保险为公司为实习生提供安全赔付保障。

（一）保险公司的保障内容和保障金额

某企业为实习生购买团体意外伤害保险：

（1）实习生意外伤害保险（身故），保障金额：30 万元。

（2）实习生意外伤害保险（残疾），保障金额：30 万元。

（3）实习生意外伤害医疗保险，保障金额：1.5 万元。

（4）实习生意外伤害住院补贴，保障金额： 100 元/天（最高给付 180 天）。

（5）实习生疾病身故保险，保障金额：10 万元。

（6）实习生交通意外伤害身故保险，保障金额：10 万元。

（二）保险公司的保险责任

（1）实习生意外伤害身故保障。若被保险人遭受意外伤害事故，并因本次意外伤害直接导致被保险人在该意外伤害事故发生之日起 180 日内身故，本公司按该被保险人对应的保险金额给付意外身故保险金，保险公司对该被保险人的保险责任终止。

（2）实习生意外伤害残疾保障。若被保险人遭受意外伤害事故，并因本次意外伤害直接导致被保险人在该意外伤害事故发生之日起 180 日内发生《人身保险伤残评定标准（行业标准）》中所列的伤残条目，保险公司依照该标准规定的评定原则进行评定，并按评定结果所对应该标准规定的给付比例乘以该被保险人对应的保险金额给付残疾保险金。如自意外伤害事故发生之日起 180 日治疗仍未结束的，则按事故发生之日起第 180 日的身体情况进行伤残鉴定，并据此给付意外残疾保险金。

（3）实习生意外伤害医疗保障。若被保险人遭受意外伤害在卫生行政部门批准的二级以上医院接受治疗，保险公司对被保险人因该次意外伤害的治疗而发生的符合基本医疗保险管理规定范围内合理且必要的医疗费用，按投保时双方约定的免赔额及给付比例予以补偿。

（4）实习生意外伤害住院补贴金保障。若被保险人遭受意外伤害，并自该次意外伤害发生之日起180天内因该意外伤害在卫生行政部门批准的二级以上医院住院治疗，保险公司按其实际住院天数乘以投保时双方约定的日住院补贴金额给付意外伤害住院补贴保险金。

（5）实习生疾病身故保险。若被保险人因发生合同约定的疾病导致身故或全残，本公司按该被保险人对应的身故或全残保险金额给付，保险公司对该被保险人的保险责任终止。

（三）免除责任

因下列情形之一导致被保险人身故或伤残的，保险公司不承担给付保险金的责任：

（1）投保人对被保险人的故意杀害、故意伤害。

（2）被保险人故意犯罪或者抗拒依法采取的刑事强制措施。

（3）被保险人自杀，但被保险人自杀时为无民事行为能力人的除外。

（4）被保险人醉酒，斗殴，主动吸食或注射毒品。

（5）被保险人酒后驾驶，无合法有效驾驶证驾驶，或驾驶无有效行驶证的机动车。

（6）被保险人因妊娠（含宫外孕）、流产、分娩（含剖宫产）导致的伤害。

（7）被保险人因医疗事故、药物过敏导致的伤害。

（8）被保险人因精神疾患导致的意外。

（9）被保险人未遵医嘱，私自使用药物，但按使用说明的规定使用非处方药除外。

（10）被保险人参加潜水、跳伞、攀岩、驾驶滑翔机或滑翔伞、探险、摔跤、武术比赛、特技表演、赛马、赛车等高风险活动。

（11）战争、军事冲突、暴乱或武装叛乱。

（12）核爆炸、核辐射或核污染。

（四）索赔事宜

投保人、被保险人或受益人知道保险事故后应当在 10 日内通知保险公司。

在保险期间内，被保险人遭受意外伤害，须在中华人民共和国境内（不包括港、澳、台地区）二级或二级以上医院认可的医疗机构进行治疗。索赔时须提供保单复印件、门诊或住院病历、门诊或住院发票、疾病证明书、用药清单、理赔委托书、伤者身份证复印件、银行账号、单位出具事件经过证明材料等相关手续加盖主管部门公章后报至保险人。

二、校方责任保险

（一）校方责任保险的内涵

校方责任保险，是保险公司专门为学校开发的一类保险，是指以校方依法应承担的民事损害赔偿责任为保险标的保险。

学校投保后，一旦学生在校园内或学校统一组织的活动（包括体育课、课外活动、春游、夏令营和各类社会实践活动等）过程中发生意外伤害责任事故，将由保险公司在第一时间向受害学生提供赔偿。校方责任险的开展，有利于减轻校方或政府在事故发生后的救助负担，对于维护学生利益、保障校园秩序、鼓励学校组织学生体育活动、增强学生体质都具有重要意义。

因学校非主观过失导致注册学生的人身伤害和财产损失，依法应由学校承担直接经济赔偿责任。

（二）校方责任保险的理赔流程

学校在事故发生 24 小时内拨打保险公司客服电话报案。

出险学生完全治疗结束后，需提供以下材料：

（1）出险学生学籍证明。

（2）保险金给付通知书。

（3）就诊医院所提供的医疗证明。

（4）医疗费、交通费等相关费用票据。

（5）转账授权书。

（6）如进行伤残鉴定，需提供伤残鉴定书、鉴定部门的资质证明、鉴定医师的资质证明。

（7）如发生死亡案件，需提供死亡医学证明书、法医鉴定书、户口注销证明。

（8）填写人身险给付清单。

（9）填写财产险赔付协议书。

三、实习期保险发展趋势

近年来，将实习生的实习期纳入工伤保险范畴的呼声越来越大。为回应广大用人单位和劳动者日益迫切的扩大工伤保险制度覆盖范围的诉求，让工伤保险惠及更多群众，越来越多的城市逐步开放了工伤保险购买权。

2018 年 7 月，浙江省人力资源和社会保障厅、财政厅、国家税务总局浙江省税务局联合印发了《关于试行职业技工等学校学生在实习期间和已超过法定退休年龄人员在继续就业期间参加工伤保险工作的指导意见》，对试行职业院校学生在实习期间参加工伤保险工作作出了具体规定，率先试行实习生参加工伤保险。

2019 年 10 月，人力资源社会保障部工伤保险司转发了《浙江省人力资源和社会保障厅等3部门关于试行职业技工等学校学生在实习期间和已超过法定退休年龄人员在继续就业期间参加工伤保险工作的指导意见》，认为该意见在“化解用人单位工伤风险”方面起到了积极作用，号召各地认真学习借鉴。

2020—2022年，江苏省、广东省、四川省、杭州市、西安市陆续发布了政策，可以单独为实习生购买工伤保险，从而有效保障实习生岗位实习期间伤害的权益问题。

尚未规定可以为实习生购买工伤保险的省份，仍然按原来的人身伤害赔偿处理实习生在岗位实习期间的伤害事故。可以预见，未来会有更多省份出台新的政策，实习生的权益将会得到更好的保障。

第四节 实习组织与安全管理

实现实习安全，管理是基础。全面、细致、高效的实习组织是保证实习安全的关键。职业院校在安排实习和实习企业接受实习生实习的全过程管理应科学规范、依法实施，在各环节加强安全管理的同时提升实习生安全意识和风险防范的能力。

一、实习组织

（1）学校安排学生实习前，应该对实习单位进行考察调研。实习安全防护也是考察调研的一项重要内容。考察评估备选实习单位的单位资质、诚信状况、管理水平、实习岗位性质和内容、工作时间、工作环境、生活环境以及健康保障、安全防护等方面。只有规范、符合要求的单位，才能安排学生实习。

附：实习单位考察报告

实习单位考察报告

<table>
<tr><td>实习单位</td><td colspan="2"></td></tr>
<tr><td>单位地址</td><td colspan="2"></td></tr>
<tr><td>考察内容</td><td colspan="2">（重点考察实习单位资质、诚信状况、管理水平、实习岗位性质和内容、工作时间、工作环境、生活环境、健康保障、安全防护等）
（可添加附页说明）</td></tr>
<tr><td colspan="3">学校学生实习安排系部、分院考察意见：

单位（盖章）：
负责人：
年 月 日</td></tr>
</table>

（2）对于有自主联系实习单位需求的学生，应由成年学生本人或未成年学生及其监护人书面承诺该实习单位符合学校对实习安排的要求。

附：学生自主联系单位实习承诺书

学生自主联系单位实习承诺书

本人是__________学院_________专业_________班级学生，申请自主联系_______________作为本次实习单位，实习____月，时间从___年__月__日开始至___年___月___日终止。本人对该单位的资质、诚信状况、管理水平、实习岗位性质和内容、工作时间、工作环境、生活环境以及健康保障、安全防护等进行了实地了解，该单位符合国家《职业学校学生实习管理规定》（教职成〔2016〕3号）的要求。

实习期间，我将自觉遵守学校实习管理规定，完成实习任务。现根据有关法律规定，结合学院实际，本人就自主实习期间各类责任承诺如下：

一、自觉遵守法律法规，不利用网络从事危害国家安全；不参加任何非法集会活动；不浏览非法网页；不参与赌博、酗酒、打架斗殴、聚众起哄等违法违纪行为。

二、严格遵守学校和用人单位的各种规章制度认真履行实习期间的各项安全要求，安全操作规程，一切在师傅指导之下工作，严禁盲目擅动，严禁违规操作，确保安全。

三、与实习单位协商，在实习期间签订实习协议，协议内容至少包括：（1）实习单位的信息，学生信息；（2）实习期限；（3）实习内容和实习地点；（4）实习食宿安排；（5）实习时间、休息休假；（6）实习劳动保护；（7）安全管理责任；（8）实习报酬；（9）实习责任保险与伤亡事故处理办法；（10）实习纪律；（11）实习终止条件；（12）实习考核方式；（13）双方认为需要约定的其他事项。

四、每周定期保持与辅导员、学校指派的实习指导教师联系。积极主动与指导老师联系，认真执行指导老师的实习指导，完成实习管理系统平台的各项规定，否则实习成绩以不合格计算。

五、实习期间，确需中途离开单位或终止工作，提出书面申请、征得学校同意批准，并跟实习单位办理有关手续后方可离开。

六、告知家长主动监督并督促学生注意安全，认真完成实习。

七、外出实习期间一切经费由本人承担。

八、外出实习期间，本人及家长（或监护人）承担安全责任和后果。

学生签字： 联系方式： 日期：

家长签字： 联系方式： 日期：

附实习单位信息

实习单位名称：

地址：

电话： 联系人：

备注：本承诺书一式三份，学校、学生或家长（监护人）、实习单位各执一份。

（3）告知家长。学校安排学生到企业开展岗位实习，应告知学生家长。

附：致顶岗实习学生家长书

致顶岗实习学生家长书

为贯彻教育部教高〔2006〕16号《关于全面提高高等职业教育教学质量的若干意见》文件精神，大力推行工学结合，突出实践能力培养，改革人才培养模式，根据“高等职业教育院校要保证在校生至少有半年时间到企业等用人单位顶岗实习”的要求，我院各专业按照专业培养目标要求和人才培养方案安排，组织学生到企业等用人单位的生产、建设、管理、服务一线参加顶岗实习工作，实习时间至少为半年。

“工学交替、半工半读”是教育部积极倡导并大力推广的职业教育模式，众多高职院校的实践也表明，“工学交替、半工半读”能有效地转变学生的学习态度，健全学生的社会人格，提高学生的职业能力。顶岗实习也是我院专业教学的重要内容。为加快我校专业教学改革的步伐，本着积极稳妥、学生自愿、促进就业的工作思路，我校各专业顶岗实习采取统一安排和自主联系两种方式开展，原则上要求实习岗位与专业对口。

学院要求，在顶岗实习前学生必须接受学院和实习单位组织的职业技能培训和岗位安全教育，对于有特殊要求的实习岗位，考核合格后才能上岗实习。对于由学生及家长自主联系的实习单位，因学校无法对其实习工作环境、岗位安全因素等进行实地考察，学生实习期间的安全管理以实习单位和家长为主，请家长积极配合实习单位和学院做好相关工作。

在实习工作中，因学生个人原因（如违规操作、违反安全管理制度等）造成的安全事故及经济损失，由学生及家长负责。因不可避免的客观原因（交通、自然灾害等）造成的意外安全事故，学校将协助学生共同向有关方面追究责任。因此，学院要求，凡参加顶岗实习的学生，均需签订“顶岗实习安全管理责任承诺书”，并要求家长签名。

请支持我院的实践教学工作，嘱咐、教育自己的孩子注意且遵守顶岗实习期间的生产、交通、饮食和住宿等安全规则，按时办理顶岗实习审批手续，积极认真对待岗位工作，按时完成有关实习任务和上交实习相关材料，以免毕业资格审核无法通过；并经常与孩子及我院相关教师保持必要的联系，保障顶岗实习工作的顺利进行。

学院盖章

年　月　日

（4）学校、实习单位和学生签订三方实习协议书。通过三方协议的形式，明确实习期的工作内容、实习薪酬、支付方式，约定风险责任的承担，保障实习生的权益。

附：职业学校学生岗位实习三方协议

职业学校学生岗位实习三方协议

甲方（学校）：________________________________

联系人：________________________________

通信地址：________________________________

联系电话：________________________________

电子邮箱：________________________________

乙方（实习单位）：________________________________

联系人：________________________________

通信地址：________________________________

联系电话：________________________________

电子邮箱：________________________________

丙方（实习学生）：________________________________

身份证号：________________________________

家庭住址：________________________________

联系电话：________________________________

电子邮箱：________________________________

紧急联系人/联系方式：________________________

为规范和加强职业学校学生岗位实习工作，提升技术技能人才培养质量，维护学生、学校和实习单位的合法权益，根据国家相关法律法规及《职业学校学生实习管理规定》（2021年修订），甲方拟安排______级______学院（系、部）__________专业学生 ________（丙方）赴乙方进行岗位实习。为明确甲、乙、丙三方权利和义务，经三方协商一致，签订本协议。

一、基本信息

1.实习项目（甲方填写）：____________________

2.实习岗位（乙方填写）：____________________

3.实习地点：____________________

4.实习时间：　　年　　月　　日—　　年　　月　　日

5.工作时间：____________________

6.实习报酬：

报酬金额：____________________

支付方式：____________________

支付时间：____________________

7.食宿条件：

就餐条件：____________________

住宿条件：____________________

8.甲方实习指导教师：__________ 联系电话：__________

9.乙方实习指导人员：__________ 联系电话：__________

二、甲方权利与义务

1.负责联系乙方，并审核乙方实习资质及条件，确保乙方符合实习要求，提供的实习岗位符合专业培养目标要求，与学生所学专业对口或相近。不得安排丙方跨专业大类实习，不得仅安排丙方从事简单重复劳动。

2.根据人才培养方案，会同乙方制订实习方案，明确岗位要求、实习目标、实习任务、实习标准、必要的实习准备和考核要求、实施实习的保障措施等，并向丙方下达实习任务。

3.会同乙方制定丙方实习工作管理办法和安全管理规定、丙方实习安全及突发事件应急预案等制度性文件，对实习工作和丙方实习过程进行监管，并提供相应的服务。

4.为丙方投保实习责任保险，责任保险范围应覆盖实习活动的全过程，包括丙方实习期间遭受意外事故及由于被保险人疏忽或过失导致的丙方人身伤亡，被保险人依法应当承担的赔偿责任以及相关法律费用等。丙方在实习期间受到人身伤害，属于保险赔付范围的，由承保保险公司按保险合同赔付标准进行赔付；不属于保险赔付范围或者超出保险赔付额度的部分，由乙方、甲方、丙方承担相应责任。甲方有义务协助丙方向侵权人主张权利。投保费用不得向丙方另行收取或从丙方实习报酬中抵扣。

5.依法保障实习学生的基本权利，不得有以下情形：

（1）安排一年级在校丙方进行岗位实习；

（2）安排未满16周岁的丙方进行岗位实习；

（3）安排未成年丙方从事《未成年工特殊保护规定》中禁忌从事的劳动；

（4）安排实习的女学生从事《女职工劳动保护特别规定》中禁忌从事的劳动；

（5）安排丙方到酒吧、夜总会、歌厅、洗浴中心、电子游戏厅、网吧等营业性娱乐场所实习；

（6）通过中介机构或有偿代理组织、安排和管理学生实习工作；

（7）安排丙方从事Ⅲ级强度以上体力劳动或其他有害身心健康的实习；

（8）安排丙方从事法律法规禁止的其他活动。

6.除相关专业和实习岗位有特殊要求，并事先报上级主管部门备案的实习安排外，应当保障丙方在岗位实习期间按规定享有休息休假、获得劳动卫生安全保护、接受职业技能指导等权利，并不得有以下情形：

（1）安排丙方从事高空、井下、放射性、有毒、易燃易爆，以及其他具有较高安全风险的实习；

（2）安排丙方在休息日、法定节假日实习；

（3）安排丙方加班和上夜班。

7.不得向丙方收取实习押金、培训费、实习报酬提成、管理费、实习材料费、就业服务费或者其他形式的实习费用，不得扣押丙方的学生证、居民身份证或其他证件，不得要求丙方提供担保或者以其他名义收取丙方财物。

8.为丙方选派合格的实习指导教师，负责丙方实习期间的业务指导、日常巡查和管理工作；开展实习前培训，使丙方和实习指导教师熟悉各实习阶段的任务和要求。对丙方做好思想政治、安全生产、道德法纪、工匠精神、心理健康等相关方面的教育。

9.督促实习指导教师随时与乙方实习指导人员联系并了解丙方情况，共同管理，全程指导，做好巡查，并配合乙方做好丙方的日常管理和考核鉴定工作，及时报告并处理实习中发现的问题。

10.实习期间，对丙方发生的有关实习问题与乙方协商解决；发生突发应急事件的，会同乙方按安全及突发事件应急预案及时处置。

11.实习期满，根据丙方的实习报告、乙方对丙方的实习鉴定和甲方实习评价意见，综合评定丙方的实习成绩。

12.公布热线电话（邮箱），对各方的咨询及时回复，对反映的问题按管理权限和职责分工组织进行整改。

热线电话：　　　　　　　　　　邮箱：

13.甲方对违反规章制度、实习纪律、实习考勤考核要求以及本协议其他规定的丙方进行思想教育，对丙方违规行为依照甲方规章制度和有关规定进行处理。对违规情节严重的，经甲乙双方研究后，由甲方给予丙方纪律处分。给乙方造成财产损失的，丙方依法承担相应责任。

14.组织做好丙方实习工作的立卷归档工作。实习材料包括：（1）实习三方协议；（2）实习方案；（3）学生实习报告；（4）学生实习考核结果；（5）学生实习日志；（6）实习检查记录；（7）学生实习总结；（8）有关佐证材料（如照片、音视频等）等。

三、乙方权利与义务

1.向甲方提供真实有效的单位资质、诚信状况、管理水平、实习岗位性质和内容、工作时间、工作环境、生活环境，以及健康保障、安全防护等方面的材料。

2.严格执行国家及地方安全生产和职业卫生有关规定，会同甲方制定安全生产事故应急预案，保障丙方实习期间的人身安全和身体健康。协助甲方制定丙方岗位实习方案，保障丙方的实习质量。

3.定期向甲方通报丙方实习情况，遇重大问题或突发事件应立即通报甲方，并按照应急预案及时处置。

4.甲乙双方经协商，可以由乙方为丙方投保实习责任保险。责任保险范围应覆盖实习活动的全过程，包括丙方实习期间遭受意外事故及由被保险人疏忽或过失导致的丙方人身伤亡，被保险人依法应当承担的赔偿责任以及相关法律费用等。丙方在实习期间受到人身伤害，属于保险赔付范围的，由承保保险公司按保险合同赔付标准进行赔付；不属于保险赔付范围或者超出保险赔付额度的部分，由乙方、甲方、丙方依法承担相应责任。乙方会同甲方做好丙方及其法定监护人（或家长）等善后工作。乙方有义务协助丙方向侵权人主张权利。投保费用不得向丙方另行收取或从丙方实习报酬中抵扣。

5.按照本协议规定的时间和岗位为丙方提供实习机会，所安排的工作要符合法律规定且不损害丙方身心健康；不得仅安排丙方从事简单重复劳动。为丙方提供劳动保护和劳动安全、卫生、职业病危害防护条件。落实法律规定的反性骚扰制度，不得体罚、侮辱、骚扰丙方，保护丙方的人格权等合法权益。

6.依法保障实习学生的基本权利，不得有以下情形：

（1）接收一年级在校丙方进行岗位实习；

（2）接收未满 16 周岁的丙方进行岗位实习；

（3）安排未成年丙方从事《未成年工特殊保护规定》中禁忌从事的劳动；

（4）安排实习的女学生从事《女职工劳动保护特别规定》中禁忌从事的劳动；

（5）安排丙方到酒吧、夜总会、歌厅、洗浴中心、电子游戏厅、网吧等营业性娱乐场所实习；

（6）通过中介机构或有偿代理组织、安排和管理学生实习工作；

（7）安排丙方从事Ⅲ级强度以上体力劳动或其他有害身心健康的实习；

（8）安排丙方从事法律法规禁止的其他活动。

7.除相关专业和实习岗位有特殊要求，并事先报上级主管部门备案的实习安排外，应当保障丙方在岗位实习期间按规定享有休息休假、获得劳动卫生安全保护、接受职业技能指导等权利，并不得有以下情形：

（1）安排丙方从事高空、井下、放射性、有毒、易燃易爆，以及其他具有较高安全风险的实习；

（2）安排丙方在休息日、法定节假日实习；

（3）安排丙方加班和上夜班。

8.实习期间，如为丙方提供统一住宿，应为其建立住宿管理制度和请销假制度。如不为丙方提供统一住宿，应知会甲方并督促丙方办理相应手续。

9.不得向丙方收取实习押金、培训费、实习报酬提成、管理费、实习材料费、就业服务费或者其他形式的实习费用，不得扣押丙方的学生证、居民身份证或其他证件，不得要求丙方提供担保或者以其他名义收取丙方财物。

10.会同甲方对丙方加强思想政治、安全生产、道德法纪、工匠精神、心理健康等方面的教育。对丙方进行安全防护知识、岗位操作规程等教育培训并进行考核，如实记录教育培训情况。不得安排未经教育培训和未通过岗前培训考核的丙方参加实习。

11.乙方安排合格的专业人员对丙方实习进行指导，并对丙方在实习期间进行管理。

12.乙方根据本单位相同岗位的报酬标准和丙方的工作量、工作强度、工作时间等因素，给予丙方适当的实习报酬。丙方在实习岗位相对独立参与实际工作、初步具备实践岗位独立工作能力的，合理确定实习期间的报酬，并以货币形式按月及时、足额、直接支付给丙方，支付周期不得超过1个月，不得以物品或代金券等代替货币支付或经过其他方转发。不满1个月的按实际岗位实习天数乘以日均报酬标准计发。

13.在实习结束时根据实习情况对丙方作出实习考核鉴定。

四、丙方权利与义务

1.遵守国家法律法规，恪守甲乙双方安全、生产、纪律等各项管理规定，提高自我保护意识，注重人身、财物及交通安全，保护好个人信息，预防网络、电话、传销等诈骗。严禁涉黄、涉赌、涉毒、酗酒，严禁到违禁水域游泳或参与等其他危险活动，严禁乘坐非法营运车辆等。

2.遵守甲乙双方的实习要求、规章制度、实习纪律及实习三方协议，认真实习，完成实习方案规定的实习任务，撰写实习日志，并在实习结束时提交实习报告；不得擅自离岗、消极怠工、无故拒绝实习，不得擅自离开实习单位。

3.若违反规章制度、实习纪律以及实习三方协议，应接受相应的纪律处分；给乙方造成财产损失的，依法承担相应责任。

4.在签订本协议时，丙方应将实习情况告知法定监护人（或家长），并取得法定监护人（或家长）签字的知情同意书作为本协议的附件。

5.如不在统一安排的宿舍住宿，须向甲乙双方提出书面申请，经丙方法定监护人（或家长）签字同意，甲乙双方备案后方可办理。

6.实习期间，丙方因特殊情况确需中途离开或终止实习的，应提前7日向甲乙双方提出申请，并提供法定监护人（或家长）书面同意材料，经甲乙双方同意，并办妥离岗相关手续后方可离开。

7.严格按照乙方安全规程和操作规范开展工作，爱护乙方设施设备，有安全风险的操作必须在乙方专门人员指导下进行。保守乙方的商业、技术秘密，保证在实习期间及实习结束后不向任何第三方透露相关的资料和信息。

8.个人权益受到侵犯时，应及时向甲乙双方投诉。丙方认为乙方安排的工作内容违反法律或相关规定的，应立即告知甲方，并由甲方协调处理。

9.实习期间，丙方发生人身等伤害事故的，有依法获得赔偿的权利。属于保险赔付范围的，由承保保险公司按保险合同赔付标准进行赔付；不属于保险赔付范围或者超出保险赔付额度的部分，由乙方、甲方、丙方依法承担相应责任。

五、协议解除

1.经甲、乙、丙三方协商一致，可以解除协议，并以书面形式确认。

2.有以下情形之一的，可以解除本协议：

（1）因不可抗力致使协议不能履行的；

（2）甲方因教学计划发生重大调整，确实无法开展岗位实习的，至少提前10个工作日以书面形式向乙方提出终止实习要求，并通知丙方；

（3）乙方遇重大生产调整，确实无法继续接受丙方实习的，至少提前10个工作日以书面形式向甲方提出终止实习要求，并通知丙方；

（4）法律法规及有关政策规定的其他可以解除协议的情形的。

3.有以下情形之一的，无过错的一方有权解除协议，并及时以书面形式通知其他两方：

（1）甲方未履行对实习工作和丙方的管理职责，影响乙方正常生产经营的，经协商未达成一致的；

（2）乙方未履行协议约定的实习岗位、报酬、劳动时间等条件和管理职责的，经协商未达成一致的；

（3）丙方严重违反乙方规章制度，或丙方严重失职，给乙方造成人员伤亡、设备重大损坏以及其他重大损害的；

（4）法律法规作出的相关禁止性规定的情形的。

六、附则

1.本协议一式　　份，甲、乙、丙三方各执　　份，具有同等法律效力。

2.任何一方未经其他两方同意不可随意终止本协议，任何一方有违约行为，均须承担违约责任。

3.有关本协议的其他未尽事宜，由甲、乙、丙三方协商解决并签署书面文件予以确认。协商不成的，任何一方当事人有权向所在地人民法院提起诉讼。

4.本协议自签字（盖章）之日起生效，至约定实习期届满或丙方实习结束时终止。

5.甲、乙、丙任何一方通信地址（联系方式）等与丙方实习相关的重大信息发生变更的应及时通知其他两方，否则，由此产生的一切不利后果自行承担；给其他两方造成损失的，应承担相应的法律责任。

6.本协议条款中涉及《职业学校学生实习管理规定（2021年修订）》中规定的原则上“不得”的，如实习因特殊要求存在不履行的可能，甲、乙、丙三方需事先协商一致、签订同意书，并报上级主管部门备案同意后，在不违反法律规定的条件下，方可实施，不视为违约。

7.如丙方集体签订协议，需由丙方代表签字，其他所有丙方需签订相应委托书，并作为本协议的附件。在丙方代表签字前，应将协议文本内容提前告知每一位参加岗位实习的学生（丙方）及其法定监护人（或家长），并在签署后将协议副本交于每一位参加岗位实习的学生（丙方）。

8.其他事项：

甲方：（学校盖章）　　　　　　　　　乙方：（实习单位盖章）

法定代表人（签字）：　　　　　　　　法定代表人（签字）：

年　月　日　　　　　　　　　　　　　年　月　日

丙方：（签字）

年　月　日

（5）实习企业面试、审批实习生进入实习。审批表要有姓名、学校、专业、实习部门、实习岗位等信息，以方便相关车间进行对接和安排岗前培训、安全培训。

附：实习单位新进实习生审批表

新进实习生审批表

（进入时间：　年　月　日）

序号	员工编号	姓名	性别	年龄	文化程度	派出学校	专业	毕业时间	实习部门	实习岗位	身份证号	电话	备注

编制：　　　　　　审核：

（6）学生在实习过程，完成一个周期的实习，应由实习企业和学校实习指导老师对学生的实习效果进行成绩评定。如果中途退出，要办理退出手续，明确退出时间，明晰三方的安全责任。

附：实习生退出申请表

实习生退出申请表

<table>
<tr><td>姓名</td><td></td><td>员工编号</td><td></td><td>性别</td><td></td><td>实习起始日期</td><td></td><td>学校</td><td></td></tr>
<tr><td>部门</td><td colspan="2"></td><td>岗位</td><td colspan="2"></td><td colspan="2">联系方式</td><td colspan="2"></td></tr>
<tr><td rowspan="2"></td><td colspan="9">实习生申请退出（请附书面申请报告）
考核不胜任（请附相关资料）
实习生旷工（请附考勤记录）
□其他　　请说明</td></tr>
<tr><td colspan="9">部门/车间面谈记录：</td></tr>
<tr><td>部门经理意见</td><td colspan="9">最后工作日期：
签名：　　　　　　日期：</td></tr>
<tr><td>人力资源部意见</td><td colspan="9">签名：　　　　　　日期：</td></tr>
</table>

二、实习过程安全管理

（一）实习过程安全管理综述

加强实习生实习过程的安全管理，保障其生命安全和企业安全生产，是实习工作最基本的原则。实习过程安全管理的对象是实习活动过程中一切人、物、环境的状态管理与控制，是一种动态管理。实习安全管理应贯彻“预防为主、教育先行、明确责任”的方针，做好实习生安全教育，提升安全防范技能，努力把安全事故消除在萌芽状态，并妥善处理好实习过程中的安全隐患。

学生在实习过程中，要从自身做起，加强安全知识学习，自觉遵守实习单位劳动纪律、保密纪律、规章制度及各项安全操作规程，牢固树立“安全第一”的意识，努力为实习单位营造安全生产的良好工作氛围，保障实习顺利进行，积极促进公司各项生产工作的顺利开展。

为保证整个实习过程处于最安全状态，实习生首先要做好交通安全、住宿安全、饮食最基础的安全须知，懂得电器、燃气、电梯安全事故、溺水、火灾等安全事故的预防知识，牢牢掌握实习岗位的安全管理知识（第三章专题介绍实习岗位的安全防护）。

（二）交通安全管理（见图 2-1）

图 2-1　交通安全

1.行人交通安全管理

（1）步行时应当在人行道内行走，没有人行道时靠道路右边行走。

（2）通过路口或横过道路，应当走人行横道或过街设施。

（3）通过有交通信号灯的人行横道，应当按照交通信号灯指示通行。

（4）通过没有交通信号灯、人行横道的路口，或在没有过街设施的路段横过道路时，应当在确认安全后迅速直行通过。

（5）不得在车辆临近时，突然加速横穿道路或中途倒退、折返。

（6）不要钻越、跨越人行护栏或道路隔离设施。

2.乘车交通安全管理

（1）不要携带易燃易爆有毒有害物品上车。

（2）在车站候车时应自觉排队，公交车进站还未停稳时，不要着急拥向车门。

（3）车门打开后要按先下后上顺序上下车，自觉礼让老人、儿童与残障人员。

（4）上车后要扶好或坐好，乘车的过程中不把身体的任何部位伸到车窗外。

（5）所乘车辆发生交通事故时，要听从司机或售票人员的指挥。

（6）乘坐家用轿车或打车时，不要从机动车道一侧上下车。

（7）所乘座位有安全带时，要系好安全带。

（8）下车时，应首先看前后有无来车，优先从较为安全的右门下车。

3.驾车交通安全管理

（1）驾驶员在驾车时必须严格遵守《中华人民共和国道路交通安全法》，服从公安、交警、运管稽征部门的管理。

（2）驾驶员必须树立良好的职业道德和驾驶作风，遵章守纪，文明行车，按时参加安全学习。

（3）驾驶员在出车前应保证充足睡眠，严禁疲劳驾驶。

（4）任何人不得强迫驾驶员违法、违章驾车；严禁酒后驾车、疲劳驾驶或将车交给无证人员驾驶；严禁交通肇事后逃逸。

（5）驾驶员在出车前应对车辆水箱、润滑系统、制动系统以及轮胎等进行例行安全检查，在出车途中，应确保与有关人员保持通信联系，及时反馈行车安全情况，遇到突发事件及时报告。

（6）按规定进行年检，车辆状况、各项安全技术性能必须保持完好，不得开“病车”上路。

（7）车辆在工地和厂区内部行驶，应按限速标志要求行驶。车辆应停放在指定的停车地点、场所，严禁随意停放。

4.实习厂区交通安全管理

（1）厂区机动车辆操作人员必须按照国家有关规定，经过专门培训且考核、考试合格，取得厂内机动车驾驶证或特种作业操作证后方准驾驶或操作。

（2）厂区内作业时应携带特种作业资格证，必须戴好安全帽，不准驾驶或操作与证件不相符的设备。

（3）驾驶室内不得超额载人，叉车作业不得载人。

（4）严禁酒后操作，不得在驾驶或操作时吸烟、嚼槟榔、攀谈或进行其他有碍安全的活动。

（5）身体疲劳或患病等有碍安全操作时，不得驾驶或操作。

（6）厂内机动驾驶、操作人员离开本职工作时间超过 6 个月但未满 1 年的，需继续担任驾驶工作时，应按规定重新复试。如超过 1 年的，应重新参加考核。

（7）厂区内机动车的行驶速度：大小客车、大小货车摩托车和拖拉机为 10 km/h，各种车辆、出入厂区、厂房及倒车时不超过 5 km/h，有其他规定的按规定行驶。

（8）厂区内机动车行驶严禁超车；倒车时，驾驶员先查明情况，确认安全后，方可倒车，必要时应有人在车后进行指挥。

【交通安全事故案例】

2008 年 2 月 26 日中午，某零部件合作伙伴单位司机陈某驾驶一辆大型货车送零件到车身车间物流接收区，下车后没有取走钥匙，坐在副驾随车的临时工何某（无汽车驾驶证）启动了车辆，想开暖风机取暖，当时车辆挂了倒挡，导致货车往后撞到停车卸货车辆，造成 4 辆车连环撞，没有人员受伤的危险事故。

该事故发生的原因是货车司机陈某下车后没有取走汽车钥匙，违反安全驾驶规定；临时工何某无资质驾驶汽车，启动车辆属违章操作。

【事故教训】

（1）停车后，司机离开驾驶室时必须取走车钥匙。

（2）厂内驾驶车辆时必须遵守厂内的交通安全管理规定。

（3）严禁无证人员操作机动车辆。

（三）住宿安全管理

（1）加强安全防范和自我保护意识。注意防盗，不得引领与实习无关人员进入宿舍和留宿。

（2）严禁将易燃、易爆、剧毒等危险品以及管制刀具带入宿舍。

（3）严禁在宿舍私接电线，使用大功率电热器具。

（4）非特殊情况，不得在宿舍内使用蜡烛及明火。

（5）保持消防通道的畅通，禁止往楼梯走廊内泼水、堆放垃圾；禁止在阳台、走廊内堆放废弃物和悬挂有碍通行的物品。

（6）晚上回家，先与家人确认到家的时间，最好有人在路口接，路上有偏僻、昏暗的街道或小巷尤其要注意安全。

（7）晚上回家在路途中要保持警觉性，发现有人尾随请及时联系家人或就近的朋友及同事帮助。

（8）遭遇抢劫时，非危及性命安全时，不要盲目反抗，要保持冷静，与对方周旋，并尽可能麻痹对方。一旦找到机会，要果断逃离并高声呼救。

（9）居室被歹徒或盗贼潜入时，在非自身力量处于绝对优势时，勿轻易惊动歹徒，一有机会，马上逃离危险区域，确认安全后即时报警。

（四）饮食安全管理

（1）购买食品应注意生产日期和保质期，不食用过期的食品。

（2）养成良好有规律的饮食习惯，吃东西时不狼吞虎咽，不暴饮暴食。

（3）养成吃东西前先洗手的习惯，减少“病从口入”的可能。

（4）生吃瓜果要洗净，彻底清洗瓜果上的寄生虫卵、残留农药等。

（5）所有肉类、禽类、海鲜、河鲜应尽可能煮熟。

（6）每次使用砧板及刀具前后（尤其肉类、禽类及河海鲜）需清洗干净。

（7）不随便吃野菜、野果，不吃腐烂变质的食物。

（8）不随意购买、食用街头小摊贩的劣质食品、饮料。

（五）电器安全事故预防

家庭电器安全同样非常重要，很多住宅发生的触电、火灾往往是由电器隐患引起的。

（1）定期检查插头与插座是否开始积污，应保持整洁。

（2）经常检查线路和家用电器，排除老化、短路等险情。

（3）不可用钉子、骑马钉或订书针将延长线或者电线固定。

（4）检视插头插座，避免松脱产生安全问题。

（5）使用延长线，应注意不可将其捆绑。电线经捆绑后，热量很难流通，易使温度升高而将塑胶熔解，造成铜线短路触电。

（6）注意使用中的延长线是否有发烫或异味产生。此为过负荷现象，应立即停止使用该高电量的电器。

（7）使用老旧、破损的延长线会造成短路、漏电或感应等危险，应立即更新。

（六）燃气安全事故预防

（1）预防一氧化碳中毒，不私自拆、装煤气器具，防止煤气泄漏；使用煤气时保持通风；切勿将燃气热水器安装在浴室内；烧煤炭取暖时，保持室内通风。

（2）离家或睡觉前要检查用电器具是否断电，燃气阀门是否关闭，明火是否熄灭，要防患于未然。

（3）发现燃气泄漏，要迅速关闭气源阀门，打开门窗通风，切勿触动电器开关或使用明火，并迅速通知专业维修部门来处理。

（4）如使用液化石油气，钢瓶必须直立放置，不允许卧放或倒放。钢瓶必须要远离热源，不准采用开水烫、电加热等措施对钢瓶进行加温。

（5）煨、炖、煮各种食品、汤类时，应有人看管，汤不宜过满，在沸腾时应降低炉温。

（6）油炸食品时，油不能放得过满，油锅搁置要平稳，应控制油的温度。

（7）油锅着火，不能泼水灭火，首先应关闭炉灶燃气阀门，直接盖上锅盖或用湿抹布覆盖，还可向锅内倒入米或者切好的蔬菜冷却灭火。

（七）电梯安全事故预防

电梯作为垂直交通设备，或因为零部件磨损，或因为安装维修过程中的不恰当操作，发生设备故障在所难免。然而，电梯安全事故的发生往往与对电梯故障的弊病的思维方式和处理方式有关。与自然灾害不同，电梯安全事故不是随机发生的,而是由人们的错误思维办法和过错举动造成的。因此，为确保学生实习期间的人身安全，要做好学生乘坐电梯安全教育，预防事故发生。

（1）乘坐电梯时应留意电梯运行状态，如有异响、震动、顿挫等不正常的情况，应尽快离开电梯。

（2）不要踢、撬、扒、依靠电梯门，电梯满员时耐心等待，不要挤入电梯。

（3）不要用手、脚或物品长时间阻止电梯门关闭。

（4）乘坐电梯时站稳扶好，不要在运行的电梯内嬉戏打闹、跳跃以及乱按电梯按钮。

（5）请勿擅自使用电梯运输危险化学品、易燃易爆品以及电动车等存在安全风险的物品及交通工具。

（6）因停电、安全装置动作、故障等原因被困在电梯内时，应保持镇静，及时用电梯内报修电话与电梯值班人员取得联系。

（7）当电梯门快要关上时，千万不要强行冲进电梯、不要背靠电梯门站立阻止门关闭，切忌一只脚在内一只脚在外停留。

（八）溺水事故预防

溺水是指人淹没于水或其他液体中，水与污泥、杂草等物堵塞呼吸道和肺泡，或因咽喉、气管发生反射性痉挛，引起窒息和缺氧，肺泡失去通气、换气功能，使机体处于危急状态，导致呼吸、心搏停止而致死亡的事故。溺水事故预防须知：

（1）下水前应做热身运动，充分活动关节，放松肌肉，以免下水后发生抽筋、扭伤等事故继而造成溺水。

（2）不会游泳的人，千万不要单独在水边玩耍或独自下水，应在有安全保障、水下情况熟悉的游泳区域内活动。

（3）不在水中嬉闹玩耍，防止呛水窒息。

（4）不要让儿童私自下水游泳，家长要时刻看护。

（5）不熟悉水性，水下情况不明时，不要擅自下水施救。

（九）火灾事故预防

1.家用电器火灾事故防范

（1）购买、使用质量合格的电器、电线、插座等。

（2）不得超负荷用电，临时使用的家用电器使用完毕后要拔下插头或关闭电源。

（3）空调设备应采取单独回路和专用阻燃插座，大功率电器不可以使用同一插线板。

（4）电器用品周围不能存放易燃物。

（5）不得使用其他金属导线代替保险丝，更不要乱拉电线，乱增加电器设备，特别是大功率电器。

（6）使用空调、电水壶、电烤箱、微波炉等大功率电器时不要离人。

2.电动车火灾事故防范

（1）合理控制充电时间，切忌长期超时充电和过度充电。

（2）不要在室内充电。

（3）不要将电动车推入居住的房间以及楼道、门厅或电梯等公共场所。

（4）不要盲目改装电动车。

（5）不要购买和使用非标及超标电动车。

（6）定期对电池进行保养，不得使用非标或报废的电池。

3.厨房火灾事故防范

（1）规范使用厨具，尽可能不同时使用大功率电器，避免超负荷用电，用大功率电器时应注意与燃气灶、水源之间保持距离，避免高温炙烤、漏电短路引发火灾。

（2）注意安全用电，厨房门窗要保持通风；用燃气时要有人照看，经常检查天然气管道的连接软管，发现破损、老化时及时更换。

（3）保证厨房清洁，油烟机、排气扇的油垢要定期清洗，以免油污遇明火引发火灾。

（十）实习工厂其他安全要求

汽车整车制造企业，从进公司到进入车间实习岗位，安全防护方面有不同的要求。下面列举了某公司进入公司的着装要求、在公司内的行人行走规范和吸烟管理规定。

1.公司着装要求

（1）进入公司最低安全着装要求：

①上衣必须有衣袖，禁止穿低胸、露背或透明装。

②要穿长裤，禁止穿七分裤、短裙、拖鞋。

③正确佩戴工作牌或者通行证。

（2）进入车间、部门区域最低安全着装要求：

①要让车间、部门负责人知晓。

②按照车间、部门的 PPE（Personal Protective Equipment）安全人穿戴要求正确穿戴劳动保护。如劳保鞋、安全帽、耳塞、防护眼镜等。

（3）车间、部门区域操作岗位安全着装要求：

①经车间或区域操作岗位的负责人培训后，按照操作岗位的安全人 PPE 穿戴要求正确穿戴，如手套、护腕、防护眼镜等。

②禁止未经过同意擅自进入操作岗位。

2.公司内行人行走规范（见图 2-2）

（1）进入公司后，应按公司规定行走人行道，穿越道路应走人行横道，注意避让车辆。不要成群结队在马路上打闹。注意公司道路交通标识，不应乱踩草地。

（2）行人请走人行道，过马路请走斑马线。

（3）行人行走过程中不能进行接、打电话，发短信等不安全行为。

（4）多人同行时，队形应以竖排方式为主，横排不超过两人，为他人留有可快速通过的通道。

（5）非物流工作人员严禁进入卸货区域。

（6）物流工作人员与运行的车辆保持 1.5 m 以上的安全距离。

（7）行人在转弯路口遇到车辆时，要跟驾驶员挥手相互确认安全后才可通行。

行人进入车间需从人行门进入！　　行人禁止出入物流门！

图 2-2　行人行走规范

3.公司吸烟管理要求

（1）所有员工、供应商（承包商）和来访者，只允许在规定设置的吸烟点吸烟，其他任何地方禁止吸烟。

（2）对违章吸烟者，一经查获属实，给予经济处罚，导致火灾事故或险肇事故的加重处罚，直至追究法律责任。

（3）公司重点防火区域（如仓库、涂装区域、油库）严禁携带火种，未经允许禁止入内。

03

第三章

实习岗位与安全维护

职业院校学生到汽车制造企业实习，会根据学生所学的专业、未来要从事的职业，安排不同的岗位。企业通常分为3类岗位：管理岗位、技术岗位、生产岗位。本章根据不同岗位的要求，分别整理出不同的实习安全防护要求。

第一节 管理岗位实习安全防护

一、管理岗位

管理岗位是指担负领导职责或管理任务的工作岗位，如行政、党政、人力资源管理、财务管理、工会、团委等部门的岗位。

二、管理岗位实习安全要求

许多人认为办公室是较安全的工作地点，然而在管理岗位也可能遭遇危险，或者受到不安全因素的伤害。进入管理岗位实习，要注意以下安全要求。

（1）看清要走的路，永远不要一边玩手机一边走路。

（2）不要堵住通向配电盘或者紧急出口的通道，保持疏散通道畅通无阻。

（3）每隔 20~30 分钟，站起来伸伸腰或拉拉韧带，减轻肌肉和腰椎间盘的紧张感。

（4）不要用接线板一个一个地连接起长链条，不要使用破损的接线板（表皮损伤，金属线裸露）。

（5）插座插上小型电器的时候，要格外小心。如咖啡壶、微波炉、电热炉等，这些小型电器容易使插座超载。

（6）不要进入任何有“密闭空间，闲人免进”的区域，或者可能有危险的密闭空间。

（7）不能随处吸烟。吸烟不仅有害健康而且易引发火灾事故。公司很多地方都是“无烟工作区域”，只能在限定的吸烟点区域吸烟。

（8）要熟悉安全疏散的通道：出口的位置、主要和辅助撤离通道、消火栓位置、疏散处集合地点。

（9）知道实习所在建筑的至少两个出口，熟悉所在建筑的警报系统。

（10）记住实习场地的紧急联系号码。

（11）听到警报铃声或警灯闪亮，应该立即撤离，并保持冷静，不要惊慌，立即在疏散集合地点报到。

（12）发生紧急事故，不要使用电梯。不要打电话询问是否真的有疏散警报。

第二节 技术岗位实习安全防护

一、技术岗位

技术岗位是指从事专业技术工作，具有相应专业技术水平和能力要求的工作岗位，如研发部门、制造工程部门、质量部门等。

二、技术岗位实习安全要求

在技术岗位实习的学生，除了要遵守管理岗位的实习安全防护要求，还要注意以下安全防护要求：

（1）技术岗位大部分需要技术保密。实习中接触到的信息，不能随便传播。未经许可，不要随便拷贝电子文档。

（2）跟师傅到车间现场解决问题，要遵守车间的劳动防护用品穿戴要求，并需要正确穿戴后才能进入车间。

（3）设备规范操作。严格遵守设备管理制度，需要操作实验实训设备的，必须按设备操作规范来操作，并正确穿戴好个人防护物品。

（4）在实习过程中，自己不懂的或不属于自己操作的设备，不得操作或者触摸。不该接近的区域不要接近，不得进入的保密区域不要进入。

（5）汽车企业成品车较多，未经允许，不要随便移动成品车。需要移动成品车的，需要取得相关批准的证件。

（6）注意试验车辆安全。未经许可，不要进入试车跑道试车。按要求进行试车的，严格按规定线路安全行驶。

（7）试验零部件进出公司，需要按企业规定办理相关进出门手续，不得用衣服等物品阻挡带出企业。

第三节　生产岗位实习安全防护

柳州是广西重要的工业基地，汽车龙头企业都在柳州。在汽车制造行业中，冲压、焊接、涂装、总装合称汽车制造四大工艺。另外，发动机生产过程还包括机加工、装配等。

一、冲压车间实习安全防护

（一）冲压工艺的特点

冲压工艺是汽车制造的第一步（见图 3.1）。先用切割机在钢板上切割出合适的大小，然后进入真正的冲压成形阶段。冲压采用的是压力机或其他冲压设备对模具上的薄钢板进行冲压，使模具上的材料发生塑性变形或分离，最终得到想要的零部件，即冲压件。这种加工方法就是冲压工艺。冲压工艺一般是在常温下进行的，对模具上的材料进行冷变形加工，通常将板料加工成零部件，所以又称冷冲压或者板料冲压。

图 3.1　冲压车间

（二）冲压车间的主要危险因素

1.机械挤伤、压伤

多数冲压作业采用手工操作。操作者在简单、频繁、连续重复作业的情况下，容易产生疲劳。一旦操作失误，放料不准，模具移位，都可能发生冲断手指等伤害事故。

2.机械割伤

冲压车间机械设备运动（或静止）、模具、工具、产品毛料、成品、废品较多，尤其是产品的边角废料较多，新冲压出来的产品毛刺较大。如果直接接触人体，容易引起挤压、碰撞、剪切、卷入、切断、刺伤等伤害。

3.噪声

冲压车间内冲床设备作业时，冲床设备本身是最主要的噪声源，由于行程长、吨位大产生的巨大的冲击噪声，冲压过程中的扭击与冲剪噪声最大，还有电动机噪声及零件与装料搬运过程中产生的噪声。冲压车间产生的噪声值最高会超过 100 分贝，给车内的环境以及工作人员带来严重的污染。长期处于高强度噪声的环境中作业，会影响人的睡眠，产生一些心理影响，如烦恼、激动、易怒、失去理智，还会使人听力严重受损，严重的还可能造成职业性耳聋。

4.高空坠物

冲压车间里所有的模具、物料等都是用吊车进行吊运，在频繁的吊运过程中，有可能发生吊物高空坠落的安全事故。有时吊具出现工作疲劳、裂纹、变形、断丝、磨损等情况，如没有及时发现和采取措施，吊运工件废料时，废料筐、废料堆放超过废料筐上边筐使废料掉落，易发生安全事故。

（三）冲压车间岗位实习安全防护措施

1.使用双手控制开关（见图 3.2）

图 3.2　双手控制开关

冲压车间内的一些旧的冲压设备没有保护功能，单手可以控制设备，启动时另外一只手腾空出来检查零件，不小心会造成另一只手被挤压。现在运用双手控制开关，该开关连接冲压设备的操纵系统、电器控制系统。双手开关必须在程序规定的时间内同时按下，完成一个循环，否则设备将不能启动，也避免双手开关一侧一直用重物压住的违章操作模式，确保操作者的安全。

2.使用安全筒防护装置（见图 3.3）

图 3.3　安全筒防护装置

为保护操作者，必须安装安全防护装置执行能量锁定操作。员工如需进入模腔内进行模具维修检查或从事其他活动，必须放置安全套筒锁定压力机滑块，以防止由操作失误而造成伤害事故。模具安全筒必不可少。安全筒一般是安装压力机时配置的，每台压力机配 4 个，模具的 4 个角各配 1 个。安全筒的主要作用是：当维修工在冲压设备模腔内修复模具时，安全筒放置在上下模具的安全区，当压力机出现故障上滑块往下滑时，安全筒上下两端被顶死阻止上模具继续下滑，为维修工留出逃生时间，避免发生安全生产事故。冲压车间各种防护装置有各自不同的特点和使用范围，必须弄清各种防护装置的作用，以做到正确使用，保证操作安全。

3.穿戴防割手套（见图 3.4）

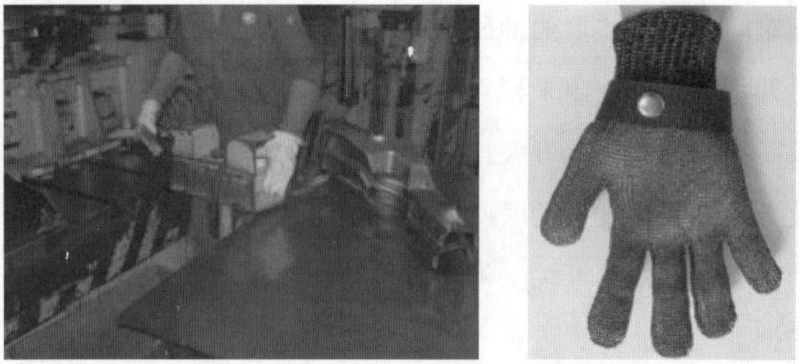

图 3.4　防割手套

防割手套能有效保护手腕防止被割伤。最初，防割手套用牛皮制作，随着高科技材料的发展，用高性能纤维新型防割材料制作防割装备成为主流，以高性能新材料为基础研发的防割装备具有透气性好、轻便舒适的特点。防割手套超乎寻常的防割性能和耐磨性能，使其成为高质量的手部劳保用品，操作者佩戴防割手套可以手握刀刃而不会被划伤，从而减少锋利金属对手部的伤害。防割手套长期使用时，不断与锋利金属接触后会出现小破洞。若手套的小洞超过 1cm^2，就需要修理或更换。

4.佩戴耳塞（见图 3.5）

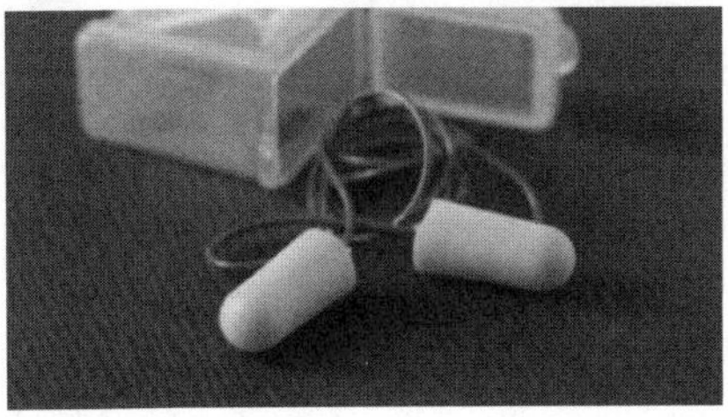

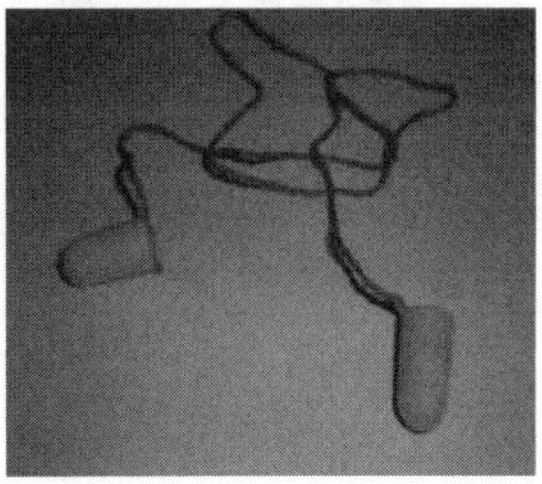

图 3.5　耳塞

防止噪声的主要手段之一就是佩戴耳塞或者耳罩。劳保耳塞使用硅胶制作，能防止机器发出的声音引起的耳膜不适，抗噪性能好。一般劳保性的防护耳塞均带绳子，方便随时摘除。使用劳保耳塞应该注意：使用前要洗净双手；佩戴前对耳道进行清理，减少分泌物残留；轻按耳塞 30 秒直至耳塞完全膨胀定型，及时对耳塞进行更换或清洗。

5.佩戴安全帽（见图 3.6）

图 3.6　安全帽

在冲压车间，佩戴安全帽能避免轻的小零件高空坠落时伤害员工。但冲压车间的吊运物料通常非常重，以吨来计算。所以冲压车间防止吊车吊运过程中吊物坠落的根本办法还是要求吊运司机不能违章操作，避免误操作等不安全行为。吊车指挥员与吊车工信息沟通要准确，在使用各种吊具前做安全检查，更不能无证操作。

二、车身车间实习安全防护

（一）车身工艺的特点

车身作为汽车的重要组成部分，由冲压出来的薄板件通过局部加热、加压而熔接在一起形成车身总成。焊接是车身制造中最广泛的熔结方式。车间焊接工艺主要为电阻焊，通过人工操纵的电阻焊或者机器人自动焊将各种工件焊接成为车身部件。通常分地板、侧围、车门、总拼及调整工段，最终生产出合格的白车身并自动化地输送到涂装车间。随着汽车工业的迅猛发展，焊接机器人和搬运机器人在白车身生产中得到越来越广泛的应用，提升了制造水平，稳定了产品质量，提高了生产效率。

（二）车身车间的主要危险因素

1.焊接产生的烟尘

车身车间（见图 3.7）在焊接作业过程中，金属高温溶化黏合会产生烟尘，烟尘的主要有害物质是锰化物和锌化物。烟尘刺鼻的气味会使人感觉身体不适。尘肺病是长期吸入大量直径小于 5 nm 的粉尘，粉尘附着在肺泡壁上，引起一系列复杂的炎性反应、免疫反应等多种复杂的病理变化，严重时会使肺组织广泛纤维化，危害操作者的身体健康。

图 3.7 车身车间

2.飞溅的焊花

电焊将两块铁瞬间联结的时候，会产生焊花往周围飞溅。电焊的闪光会对视力造成影响，光线晃到眼睛后，会使眼睛疼痛和流泪。高温的焊花如果直接飞溅到皮肤和眼睛上还会引起灼伤。

3.车身锋利边缘割伤

白车身由地板总成、轮罩总成、侧围总成等上千个冲压件拼接而成，很多薄铁板边缘非常锋利，车间还有夹具、料架等物体，存在较多的凸起部件和锐角部位，人员在移动中，不注意的情况下容易造成夹伤、割伤、碰伤等伤害。

4.防止高空落物

车身零部件在搬运过程中，往往是成批的物料和料架一起起重搬运。车身在悬挂链系统中运输移动，安装在作业区上方的电弧焊设备，悬挂链系统由导轨、链条、驱动装置和吊具组成，如果其中一个组件出现故障或者缺陷，都有可能出现链条断裂等其他危险，可能造成有物件坠落的隐患。操作者在地面作业，要预防高空坠物造成伤害事故。

5.高温和火灾

焊接过程是高温加热过程，散发出的热量会导致环境温度上升。在高温环境下工作也可能导致人体过热，发生中暑。焊接火花的周围如果有可燃材料、烟尘、可燃性液体，也有可能起火，极端情况下导致火灾甚至爆炸。

6.产生噪声

在车身车间，焊接过程都会产生噪声，辅助的工艺如打磨、刨削和钣金敲打调整、车身修复作业需要的气动工具都会产生高分贝的噪声。长时间暴露在车身车间的噪声之中，也可能引起听力受损。

（三）车身车间岗位实习安全防护措施

1.佩戴防尘口罩（见图3.8）

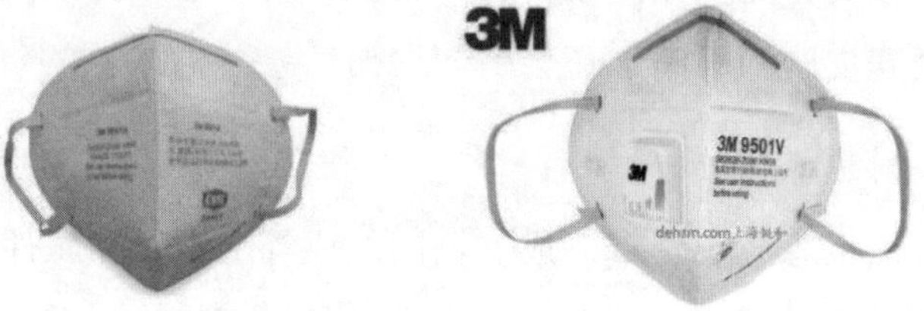

图3.8　防尘口罩

车身车间在建造时候通常已经安装了整个车间的除尘系统，最大限度地改善车间工作环境。在个人防护方面，应当佩戴防尘口罩。防尘口罩是工业生产环境中最常见的个人防护设备。防尘口罩的选用要根据作业环境的情况选用合适的种类。过滤式的口罩的工作原理是使含有害物的空气通过口罩的滤料过滤进化后再被人吸入。

2.佩戴防护眼镜（见图3.9）

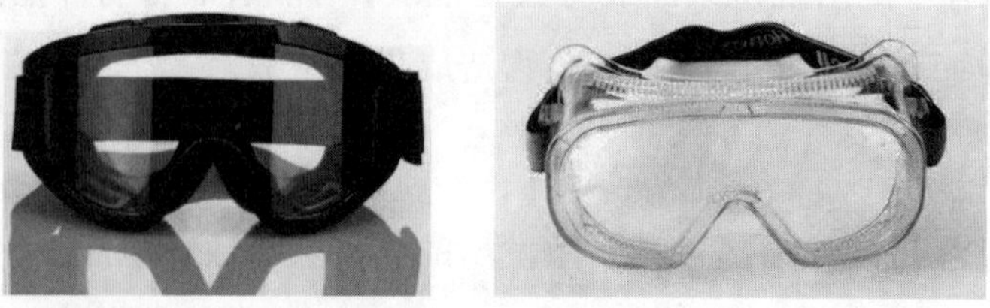

图3.9　防护眼镜

佩戴防护眼镜能防止焊渣等异物进入眼睛，防止化学性物品的伤害，防止强光、紫外线和辐射的伤害。防护眼镜种类很多，由特殊的材料制造而成，使用场合不同眼镜也不同。防护眼镜的玻璃有深有浅，这是根据不同要求设计的，选择时应根据作业时弧光的强弱恰当选择。每一个需戴防护镜作业的工人，都应了解自己作业环境的有害因素，佩戴合适的安全防护眼镜，不可乱戴一通。

3.佩戴安全帽

安全帽是保护头部最常用的保护工具，是作业人员的保护神。头部防护劳保用品主要以安全帽为主，通常还有防撞帽等。安全帽主要由帽壳、帽衬和下颏带等三大部分组成，能有效防止物体打击伤害、高处坠落伤害、机械性损伤等。

4.穿戴防割手套（见图 3.10）

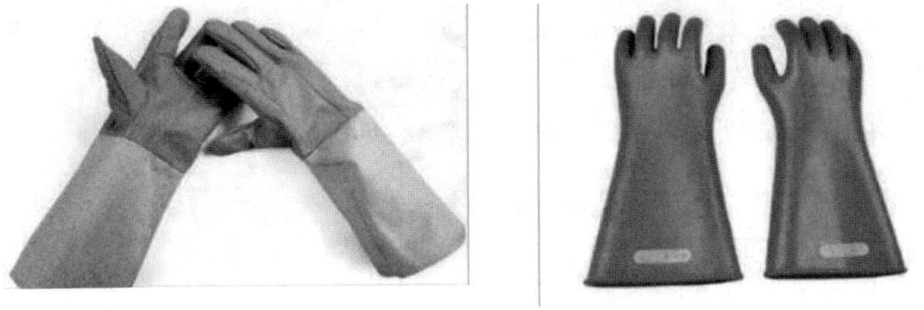

图 3.10　防割手套

车身车间与冲压车间一样，在作业时需要穿戴防割手套。车身车间作业通常选专用的电焊手套，防止车身内锋利的零部件边缘伤害身体。

5.佩戴耳塞

佩戴耳塞能有效减少噪声对耳朵的伤害。在车身焊接、车身总拼、车身调整、修复的作业中，都要佩戴耳塞或者耳罩来加强对耳朵的保护。

三、涂装车间实习安全防护

（一）涂装工艺的特点

汽车长期在各种气候条件下使用，要求车身不仅要耐锈蚀，还要维持外观光泽、色彩和美观。汽车制造工艺的涂装车间就是起到这个作用（见图 3.11）。涂装目的是保护被涂物，并对被涂物起装饰作用，起到提高产品使用寿命和美观的目的。典型的轿车车身涂装工艺是电泳底漆、中涂、面漆。这些涂装工艺过程比较复杂，技术要求比较高。比如在漆前预处理和底漆、喷漆工艺、烘干等工艺过制造程中，整个过程需要大量的化学试剂处理和精细的工艺参数控制，对油漆材料以及各项加工设备的要求都很高，因此涂装工艺一般都是各公司的技术秘密。

图 3.11　涂装车间

（二）涂装车间的主要危险因素

1.化学品危害

涂装工艺过程中使用到的涂料、稀释剂、溶剂及其他物料等物质，大部分含有各种苯类物质。大多数溶剂都是易挥发的，且有刺激性气味。如果调漆车间和手工喷涂车间通风不好，这种苯类物质以气体、蒸汽、雾、烟尘等形态污染车间空气，作业人员有可能在短时间内吸入大量苯蒸气，会因苯类浓度高而引起急性中毒，出现兴奋或酒醉状态，并伴有头痛、头晕、恶心、呕吐等情况。重症除上述神经系统症状外，还可出现昏迷、阵发性或强直性抽搐、脉细、呼吸浅表、血压下降。长期从事涂装作业的操作者，如不做好有效防护，会产生职业病。

2.火灾与爆炸

涂装工艺的火灾风险比较大。一方面，涂装车间长期使用和储存稀释剂、清洗剂等甲类易燃易爆易挥发的液体，在生产过程中引起火灾事故的危险性较大。另一方面，涂装车间用电设备多，包括车体输送设备、循环设备、喷漆电机等，一旦出现故障就有起火的隐患，加之使用涂料的电阻率大，在通过管道输送时易与管道摩擦产生静电，进而发生火灾、爆炸等事故。

3.打磨产生的粉尘

在涂装工艺中，在进行电泳底漆、中涂、面漆作业后，都需要烘干，烘干后车身表面会有一些缺陷，如车身铁粉铁屑、颗粒、纤维、针孔、缩孔、漆点等，严重影响产品质量，需要进行打磨、擦净处理方可进行下一道工序。

打磨作业造成的打磨灰大量滞留在作业环境，如果作业人员呼吸到这些有害粉尘进身体，会有害身体健康。

4.电气系统危害

触电是常见的电气危害。设备较多，且环境可能容易侵蚀线路，也可能存在线路老化的隐患，电气事故可能发生的地点比较广，加之涂装车间的油漆输送系统，车辆输送链较为复杂，再加上如果设备安全管理不力、设备的选型不合理、作业人员违章作业等，容易引起电气触电事故甚至火灾事故。

5.机械伤害

涂装作业中使用了大量的机械设备，输送链系统、自动清洗机、各种泵机等，不可避免地存在机械损坏的危险。造成机械伤害的因素很多，设备本身的故障、操作人员安全意识不强、违章操作或未按规定使用作业防护用品、作业人员安全防护装置失灵等，或者作业环境照明度不够或光线刺眼影响作业人员的视线等，都可能导致作业人员受到机械伤害。

（三）涂装车间岗位实习安全防护措施

国家对涂料工业的职业危害一直在做有力的治理，汽车涂装作业的职业危害控制方面也取得了很大的进步。一些有害物质逐渐用无害的水基溶料等无毒物质取代苯基有毒溶料。整个涂装车间从通风系统、废水处理系统、有毒有害报警系统、灭火系统等方面进行升级改造，作业环境取得了长足的进步，总体上是安全可控的。但个人防护方面，还需做好安全防护措施。

1.佩戴呼吸防护用品（见图 3.12）

图 3.12　防护用品

在没有防护的情况下，任何人都不应暴露在能够或可能危害健康的空气环境中。有害物质主要通过呼吸系统和口腔进入人体，选择合适的呼吸防护产品，可以避免有害物质进入呼吸系统。常见的呼吸防护用品按照防护用途分为防尘、防毒、供氧三类，要根据具体环境正确选择，确保操作者在含有粉尘、有害气体、有机溶剂等呼吸危害的工作场所能够得到正确的呼吸保护。涂装车间手工喷漆岗位建议佩戴负压半面罩呼吸器。

2.防静电服、防静电鞋（见图 3.13 和图 3.14）

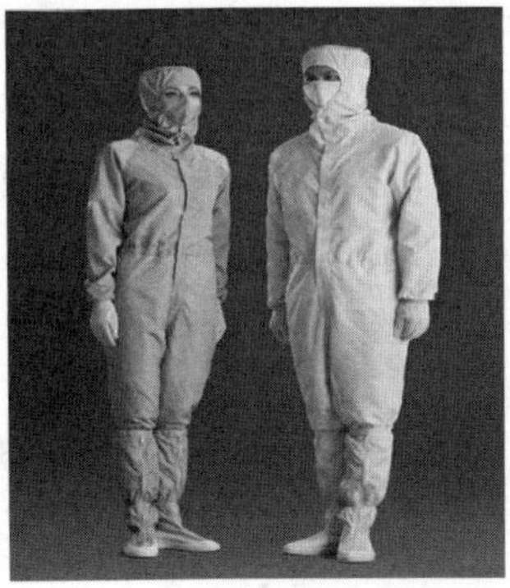

图 3.13　防静电服

图 3.14　防静电鞋

涂装车间是公司重点防护部门，而手工喷漆是涂装车间最危险的工段，所以作业人员需要穿戴防静电工作服和防静电工作鞋进入。防静电工作服能够有效防止衣服的静电积聚，它的面料选用防静电织物缝制而成。穿防静电服时，同时与防静电鞋配套，身上不得佩戴任何金属物件。穿戴防静电服和防静电鞋，能够减少静电聚集造成的放电，避免引起点火。

3.佩戴防尘口罩（见图 3.15）

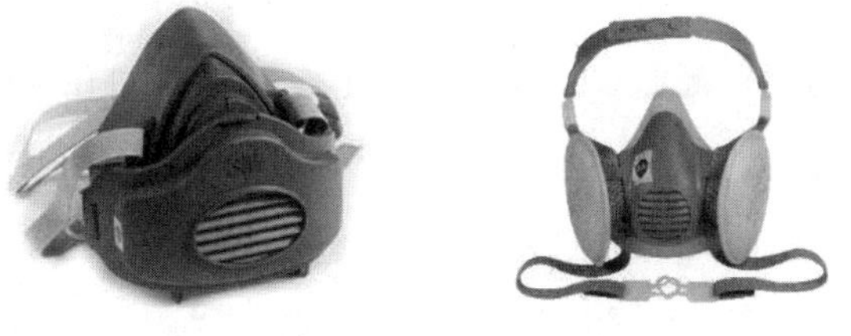

图 3.15　防尘口罩

有活性炭的防尘口罩，能利用活性炭的表面吸附气体、液体或胶态固体；对于气体、液体，吸附物质的质量可接近于活性炭本身的质量。活性炭是一种黑色粉状、粒状或丸状的无定形具有多孔的碳，主要成分为碳，吸附能力很强。所以能防止或者减少空气中的粉尘进入人体呼吸器官，从而保护身体健康。

四、总装车间实习安全防护

（一）总装工艺的特点

总装就是将车身、发动机、变速器、仪表板、车灯、车门等构成整辆车的并经检验合格的数以千万计的各类零件装配起来,生产出整车的过程。汽车装配是汽车全部制造工艺过程的最终环节，要求最终的产品有好的动力性、经济性和耐久性，还要求安全可靠、造型美观、乘坐舒适并满足环保要求。这些要求，最终是通过装配工艺来保证的。若装配不当，以昂贵的代价制造出的合格零件，不一定能装出合格的汽车。

（二）总装车间的主要危险因素

1.噪声

总装车间在装配过程中，气动工具工作时有噪声，车辆输送链运行时也有噪声，以及较多用于搬运工具的叉车、运输车辆，零部件之间的刚性碰撞都产生较大噪声（见图 3.16）。气动工具是以压缩空气为动力源的机械化工具，把压缩空气的能量通过叶片式气动马达转变为机械能，在排放压缩空气时产生的噪声超过 100 分贝。作业人员长时间在 85 分贝以上噪声环境下工作，可能损害人的听力，严重的可能造成职业性耳聋。

图 3.16 总装车间

2.头部碰撞

总装车间的底盘工段在装配发动机、变速器时，商品车在悬空输送（见图 3.17）。作业人员需要在商品车的下部安装部件，或者拧紧底盘部件。作业人员在移动时，一定要注意商品车的移动，判断上方物体的位置，避免头部碰到商品车或者其他工装设备。有些岗位在高台上作业，作业人员需要走梯子上到工作岗位，通道狭窄且设备比较密集，不注意时也容易碰到头部。还有一些隔离区以及悬空作业、高空作业，在没有安全防护设施的情况下可能会造成作业人员头部、身体直接碰触设备，造成伤害。

图 3.17　底盘工段

3.人机工程伤害

总装车间作业的主要内容是装配。典型的装配作业过程中，需要手指抓取、预紧、插接等动作，然后使用拧紧工具拧紧。作业人员长时间在一个工位作业，工作姿势不良，弯腰、拾重物等使肌肉长期处于牵伸状态，会造成作业疲劳，导致肌肉骨骼及周围神经系统病变，出现手臂、颈部和腰部损伤。有些总装车间的辅助安装设备不够先进，安装发动机、变速器、轮胎等大件需要作业人员用较大力气来扛抬、举升，劳动强度大。随着生产线工艺高度优化，采取机械化和半自动化设备取代人工操作，以及更多人机工程的应用，这种状况逐渐好转，作业人员操作的舒适性将得到提升。

4.汽油加注（火灾、爆炸等）（见图 3.18）

图 3.18　汽油加注

总装车间内加油机内外都属危险区，此区域内可燃物和助燃物组成的易燃易爆物质存在的概率很高。加油机作业过程中可能产生油品泄漏、电气火花和静电等，且加油机内油路上的众多连接处，都有可能发生泄漏，一旦泄漏恶化，释放更多的汽油液体或气化，更容易引发火灾、爆炸事故。企业加油区连接油库，发生火灾、爆炸事故后果严重、危害性大。

5.气动工具使用的伤害

气动工具是实现机械化操作的重要工具，具有工作效率高、轻巧便携、成本低等特点（见图 3.19）。气动工具在总装车间主要应用于拧紧装配。工作时由于使用压缩空气，转速高、稳定性差，从而有噪声大、震动大的弊端。作业人员作业时产生的高频振动或往复振动会通过手部传递到全身，增加受伤及累积性损伤的概率，长时间接触会造成关节磨损，引起手麻、手胀、头晕、头痛等症状，如不加预防保护，甚至可能造成皮肤黏膜磨损。

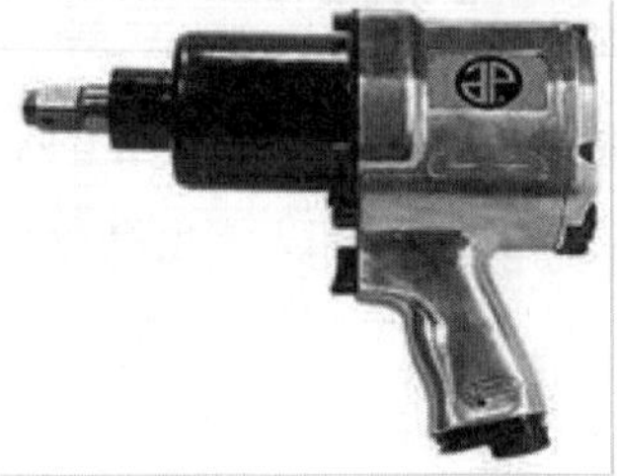

图 3.19　气动工具

6.私自违章驾驶

有些员工看到新装配出来的商品车，好奇心比较重，忍不住想试驾一下。有些员工或者因商品车摆放阻碍作业，打算自行移动商品车。有些员工没有驾驶资格，总觉得自己能行，不知道商品车的状态，部分商品车还存在质量缺陷，或者刹车失灵或者方向控制没有调整好等问题，擅自移动商品车危险性极大。往往因驾驶技术不过关或者商品车存在隐患，导致伤害事故发生，轻的擦伤商品车外观，重的发生严重碰撞，人员受伤（见图 3.20）。因此，总装车间应严格规定商品车的驾驶，严禁车辆驾驶人员无证驾驶，移动商品车需有专门的厂内准驾证。

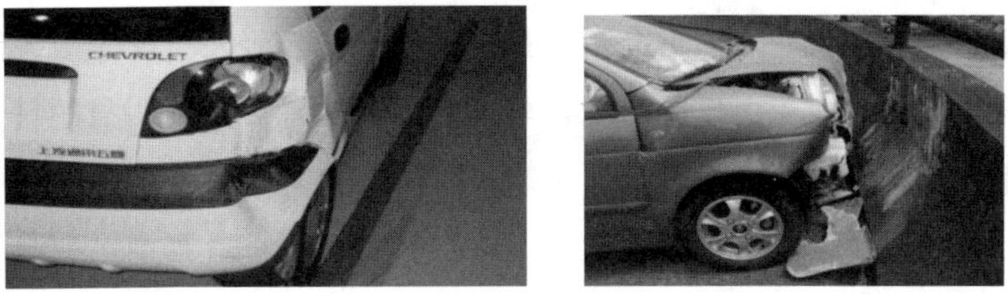

图 3.20　车辆碰撞

（三）总装车间岗位实习安全防护措施

1.佩戴耳塞

总装车间内，噪声较大的工位，需要佩戴耳塞，减少噪声对耳朵的伤害。特别是底盘工段安装底盘部件需要大扭矩的岗位，内饰安装座椅等岗位产生的噪声相对较大，需要佩戴防护耳塞。

2.佩戴安全帽

总装车间所有岗位，都建议佩戴安全帽，以避免头部可能发生的碰撞。安全帽不仅能防止物体撞击，还可以防止高处坠物伤害头部，同时还能保护毛发受到油渍的污染。

3.轮岗和安装辅助工具

为避免总装作业人员长时间在一个工位造成人体伤害，通常采取定期轮岗和安装更多辅助装配工具的办法，降低人机工程的伤害。企业将人机工程改善项目应用于汽车装配作业中，结合职业性疾病的预防，以达到在设计阶段把不符合人机工程的因素去除，如不合理的场景布局、人工搬运以及作业人员无效走动时间等；对总装车身装配流水线上的操作者身体姿势问题，在底盘装配工位上对作业负荷、人与环境匹配等问题进行分析改善，加装发动机自动举升机、轮胎自动安装设备，减少作业人员的无用功，避免作业人员遭受累积性外伤，达到创造安心、舒适工作环境的目的。

4.严禁火源

总装车间加油区域严禁无关人员进入，以杜绝引火源的出现。引火源主要有静电、电气火花、撞击或者摩擦火花。根据已经发生的事故统计，由电气火花和静电火花引发的事故占较大比例。加油区设有明显的警告标识，非作业人员，不能随便进入。进入加油区的人员不得使用明火及手机等电子设备，严禁携带火种、爆炸物和穿外露铁钉钉鞋。加油区危险区内严禁任何用火，如电焊、气割焊，严禁使用手持式电动工具等。

五、发动机工厂实习安全防护

（一）发动机生产工艺的特点

发动机是汽车最重要的部件，是汽车的心脏。制造过程精度要求较高。现代化的汽车发动机生产包括加工缸体、缸盖和曲轴等核心零部件的加工车间，然后将燃料供给、润滑、冷却、点火、气动等系统的零部件汇总到装配车间，组装成一台合格的发动机并完成测试（见图 3.21）。由于发动机要求的加工精度和作业环境非常高，所以现代化的发动机工厂都优先采用数控机床和加工中心，确保发动机质量和效率。

图 3.21　发动机工厂

（二）发动机工厂的主要危险因素

1.铁屑飞溅

发动机缸体、缸盖和曲轴在数控机床上加工，会产生大量的废渣、铁屑（见图 3.22）。有些铁屑毛刺比较大，温度比较高，危害性比较大。在防护措施不够的情况下，这些高速运转中的高温铁屑会飞溅出来，伤害作业人员的眼睛、面部和手指。有些铁屑很长，加工过程中会缠到工件、刀具上，缠几圈后最终蹦出来，也可能伤害到身体，严重的还会造成作业人员终身残疾。尤其是在盛夏酷热时，作业人员没有按规定做好防护措施，发生事故的概率更大。

图 3.22　铁屑

2.噪声

发动机工厂的噪声主要是数控机床运行的高频噪声和切削金属时发出的噪声。数控机床是机电一体化的产品，除了应有的电动机噪声、风扇噪声，还有普通机床的机械结构，如主传动系统、进给传动系统、导轨等，在数控中心中还增加了自动回转工作台、分度工作台及高速动力卡盘等。设备运转时，不可避免地会产生机械振动的声音。在狭小的车间内，上百台的数控机床同时运转，产生“嗡嗡”的噪声令人烦躁，给人精神压力，让人焦虑，长时间在这样的环境中工作，会有耳鸣和心理上的影响。

3.工件割手、脚

接触旋转运动部件的车床、钻床操作时不能戴手套，因为戴手套很容易被钩住卷进机床，引起事故。刚加工出来的工件，边缘毛刺较大，手指在接触工件时容易被割破。有些作业人员穿凉鞋、拖鞋上车床作业，致使脚部或脚筋被工件、铁屑割伤，严重的还会伤害脚部的动脉，造成事故。

（三）发动机工厂岗位实习安全防护措施

1.佩戴防护眼镜

发动机加工生产车间进行高速转动的加工作业时,需要佩戴防护眼镜。要认真执行安全操作规程，操作时思想集中，作业时要站在安全的位置。不要用嘴吹铁屑，防止飞起的铁屑伤害眼睛。在踏台上作业，进入维修车间，进入有液体滴落的机床、有切屑飞溅的区域，操作有弹力、会崩断的物体或机床，仰视作业时有液体或灰尘落下风险时需要戴防护眼镜。

2.佩戴耳塞或耳罩

发动机加工车间内长时间作业，应当佩戴防护耳塞。泡棉耳塞就能有效减少机床发出来的高频噪声。使用时要正确佩戴。对于佩戴耳塞存在困难的作业人员，可以选择佩戴耳罩。

3.佩戴手套

发动机加工车间在操作数控车床作业时，不能佩戴手套作业。但在搬运工件、移动料架、停机更换刀具等其他作业时，应当佩戴手套。在发动机装配车间，应该佩戴手套，防止工件边缘割伤手指和身体其他部位。普通的帆布手套在发动机装配车间可以起到较好的防护作用。

04

第四章

劳动防护用品安全使用

在学生岗位实习过程中，尽管已经对其开展了安全教育，改善了安全条件和设施，规范了操作设备，最大限度地降低了安全事故的发生，但是安全事故防不胜防，懂得基本的劳动防护用品的正确使用，按要求穿戴好个人防护用品，是保护学生安全实习的最后一道防线。

第一节　劳动防护用品的分类与功能

一、劳动防护用品的定义

劳动防护用品，也称个人防护装（Personal Protective Equipment，PPE），是指由生产经营单位为从业人员配备的，使其在劳动过程中免遭或者减轻事故伤害及职业危害的个人防护装备。它是生产过程中安全与健康的一种防御性装备，也是预防伤亡事故发生、减少职业危害、保障经济建设与发展的重要措施。

劳动防护用品分为一般劳动防护用品和特种劳动防护用品。一般劳动防护用品是指适用于一般环境下作业使用的防护用品，如工作服、工作帽、工作手套等。特种劳动防护用品是指对特种作业、危险作业等特殊环境下作业使用的劳动防护用品，如危险化学品操作人员佩戴的防毒面具、口罩，高空作业人员佩带的安全带，从事电器操作人员穿的绝缘鞋、绝缘靴等。

二、劳动防护用品的分类

劳动防护用品是直接保护劳动者人身安全与健康、防止伤亡事故及职业病的防护性装备。通常按其防护性能和防护部位进行分类。

（一）按防护性能分类

1．特种劳动防护用品

直接消除危及职工人身安全的个人劳动防护用品称为特种劳动防护用品。常见的特种劳动防护用品有过滤式防毒面具、正压式空气呼吸器、防化服（见图 4.1）、防冲击面罩等。

图 4.1　防化服

2．一般劳动防护用品

未列入特种劳动防护用品目录的劳动防护用品为一般劳动防护用品，如一般的工作服、手套等。

（二）按劳动防护用品防护部位分类

劳动防护用品按照防护部位分为以下 10 类。

1.安全帽类

安全帽是用于保护头部，防撞击、挤压伤害的护具，主要材质有塑料、橡胶、玻璃、胶纸、防寒和竹藤等（见图 4.2）。

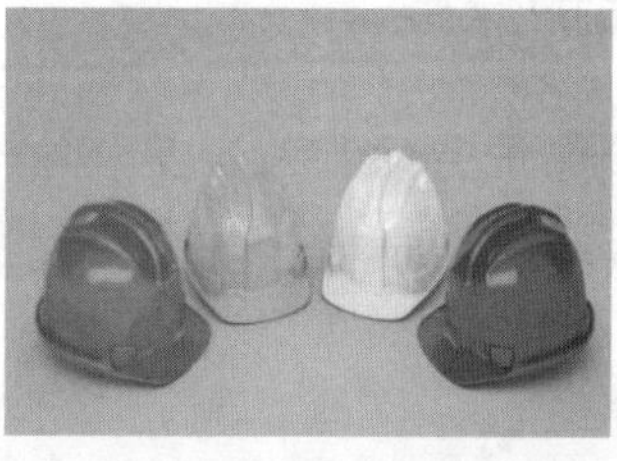

图 4.2　安全帽

2.呼吸护具类

呼吸护具是预防尘肺和职业病的重要防护品。按用途分为防尘、防毒、供氧 3 类，按作用原理分为过滤式、隔绝式 2 类。呼吸防护系列产品有：

活性炭一次性口罩、医用纱口罩、无纺布一次性口罩、活性炭一次性口罩、3M 口罩、双滤盒舒适型硅质半面具、盛安防毒单罐、生力防尘口罩、盛安单罐防尘口罩、保为康新国标口罩等（见图 4.3）。

防尘口罩

防毒口罩

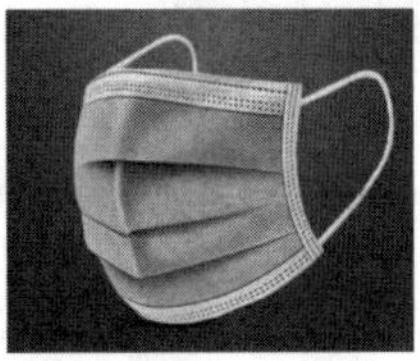

医用纱口罩

图 4.3　呼吸护具

3.眼防护具

眼防护具用以保护作业人员的眼睛、面部，防止外来伤害，分为焊接用眼防护具、炉窑用眼护具、防冲击眼护具、微波防护具、激光防护镜以及防 X 射线、防化学、防尘等眼护具（见图 4.4）。

焊接用眼防护具

防冲击眼护具

图 4.4　防护具

4.听力护具

长期在 90dB（A）以上或短时在 115dB（A）以上环境中工作时应使用听力护具。听力护具有耳塞、耳罩和帽盔 3 类。听力保护系列产品有低压发泡型带线耳塞、宝塔型带线耳塞、带线耳塞、圣诞树型耳塞、圣诞树型带线耳塞、带线型耳塞、经济型挂安全帽式耳罩、轻质耳罩、防护耳罩等（见图 4.5）。

经济型挂安全帽式耳罩　　圣诞树型带线耳塞　　耳罩

图 4.5　听力护具

5.防护鞋

防护鞋用于保护足部免受伤害。目前主要产品有防砸防护鞋、绝缘防护鞋、防静电防护鞋、耐酸碱防护鞋、耐油防护鞋、防滑防护鞋等（见图 4.6）。

电性能防护鞋　　消防靴　　防砸防穿刺鞋

图 4.6　防护鞋

6.防护手套。

防护手套用于手部保护，主要有耐酸碱手套、电工绝缘手套、电焊手套、防 X 射线手套、石棉手套等（见图 4.7）。

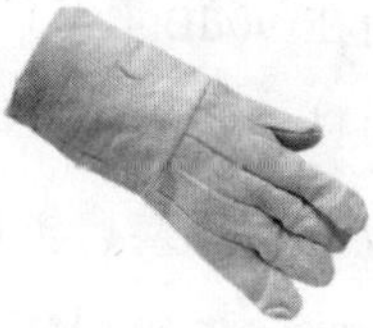

电焊手套　　防 X 射线手套　　石棉手套

图 4.7　防护手套

7.防护服

防护服用于保护职工免受劳动环境中的物理、化学因素的伤害。防护服分为特殊防护服和一般作业服两类（见图 4.8）。

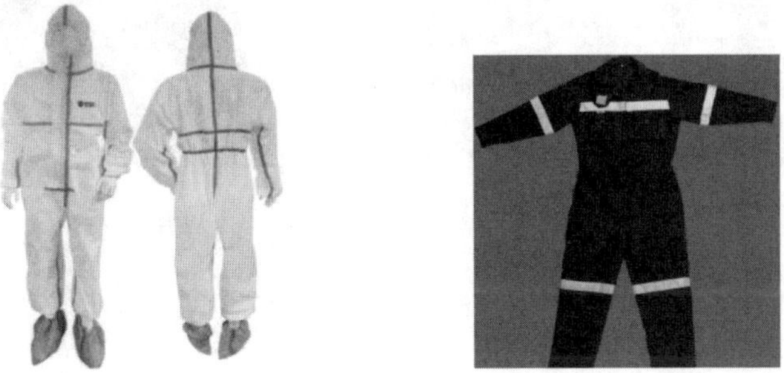

特殊防护服——医用防护服　　　　一般作业服

图 4.8　防护服

8.防坠落具

防坠落具用于防止坠落事故发生，主要有安全带、安全绳和安全网（见图 4.9）。

安全带　　　　安全绳　　　　安全网

图 4.9　防坠落

9.面罩面屏

面罩面屏用于脸部的保护，有防护屏、防护面屏、ADF 焊接头盔等（见图 4.10）。

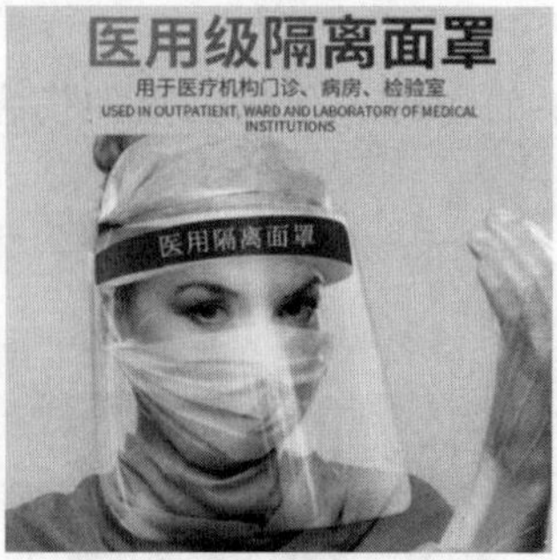

防护面罩

焊接头盔

图 4.10　面罩面屏

10.护肤用品

护肤用品指用于保护皮肤（主要是面、手等外露部分）免受化学、物理等因素的危害的用品，如防毒、防腐、防射线、防油漆的护肤品等。

三、劳动防护用品的功能

劳动防护用品供劳动者个人随身使用，是保护劳动者不受职业危害的最后一道防线。当劳动安全卫生技术措施尚不能消除生产劳动过程中的危险及有害因素，达不到国家标准、行业标准及有关规定，也暂时无法进行技术改造时，使用防护装备就成为既能完成生产劳动任务，又能保障劳动者安全与健康的一种手段。劳动防护用品的作用如下：

（1）隔离和屏蔽作用。使机体免受有害因素的侵害，如劳动防护用品能很好地隔绝外界的某些刺激，避免皮肤发生皮炎等病态反应。

（2）过滤和吸附（收）作用。借助防护用品中某些聚合物本身的活性基或多孔物质对毒物的吸附作用，洗涤净化空气，如利用活性炭等多孔物质吸附进行排毒。

第二节 劳动防护用品安全使用及防护要求

使用个人防护用品是防止或减少工伤事故、预防职业病和职业中毒的重要措施。但各种防护用品本身所具有的防护作用是有一定限度的，有些作业环境条件复杂多变，超过允许的防护范围，防护用品将不再起作用。因此，要正确使用防护用品，根据作业环境的危害程度合理选择防护用品，从而避免发生意外。

一、劳动防护用品安全使用

（一）安全帽的安全使用

安全帽的佩戴要符合标准，使用要符合规定。如果佩戴和使用不正确，就起不到充分的防护作用。一般应注意下列事项：

（1）戴安全帽前应将帽后调整带按自己头型调整到适合的位置，然后将帽内弹性带系牢。缓冲衬垫的松紧由带子调节，人的头顶和帽体内顶部的空间垂直距离一般为 25 ~ 50 mm，至少不要小于 32 mm 为好。这样才能保证当遭受到冲击时，帽体有足够的空间可供缓冲，平时也有利于头和帽体间的通风。

（2）安全帽的下领带必须扣在颌下，并系牢，松紧要适度。这样不至于被大风吹掉，或者被其他障碍物碰掉，或者由于头的前后摆动安全帽脱落。

（3）由于安全帽在使用过程中，会逐渐损坏，所以要定期检查。检查有没有龟裂、下凹、裂痕和磨损等情况，发现异常要立即更换，不能再继续使用。任何受过重击、有裂痕的安全帽，不论有无损坏，均应报废。

（4）严禁使用只有下颌带与帽壳连接的安全帽，也就是帽内无缓冲层的安全帽。

（5）现场作业中，不得将安全帽脱下，搁置一旁，或当坐垫使用。

（6）由于安全帽大部分是使用高密度低压聚乙烯塑料制成的，具有硬化和蜕变的性质，所以不易长时间在阳光下曝晒。

（7）新领的安全帽，首先检查是否有劳动部门允许生产的证明及产品合格证，再看是否破损、薄厚不均，缓冲层及调整带和弹性带是否齐全有效。不符合规定要求的安全帽应立即调换。

（二）呼吸护具的安全使用

呼吸器官防护用品主要有防尘口罩（面罩）和防毒口罩（面具）。

1.防尘口罩（面罩）的使用

（1）作业场所除粉尘外，还伴有有毒的雾、烟、气体或空气，当含氧量不足18%时，应选用隔离式防尘用具，禁止使用过滤式防尘用具。

（2）淋水、湿式作业场所，选用的防尘用具应带有防水装置。

（3）劳动强度大的作业，应选用吸气阻力小的防尘用具。有条件时，尽量选用送风式口罩或面罩。

（4）使用前要检查部件是否完整，如有损坏必须及时整理或更换。此外，应注意检查各连接处的气密性，特别是送风口罩或面罩，看接头、管路是否畅通。

（5）佩戴要正确，系带和头箍要调节适度，对面部应无严重压迫感。

（6）复式口罩和送风口罩头盔的滤料要定期更换，以免增大阻力。电动送风口罩的电源要充足，按时充电。

（7）各式口罩的主体（口鼻罩）脏污时，可用肥皂水洗涤。洗后应在通风处晾晒，切忌曝晒、火烤，避免接触油类、有机溶剂等。

（8）防尘用具宜专人专用。使用后及时装塑料袋内，避免挤压、损坏。

（9）对于长管面罩，使用前应对导气管进行查漏，确定无漏洞时才能使用。导气管的进气端必须放置在空气新鲜、无毒无尘的场所中。所用导气管长度以 10 m 内为宜，以防增加通气阻力。当移动作业地点时，应特别注意不要猛拉、猛拖导气管，并严防压、戳、拆等。

2.防毒口罩（面具）的使用

防毒口罩（面具）可分为过滤式和隔离式两类。过滤式防毒用具是通过滤毒罐、盒内的滤毒药剂滤除空气中的有毒气体再供人呼吸。隔离式防毒用具是依靠输气导管将无污染环境中的空气送入密闭防毒用具内供作业人员呼吸。它主要用于缺氧、毒气成分不明或浓度很高的污染环境。

（1）使用防毒口罩时，严禁随便拧开滤毒盒盖，避免滤毒盒剧烈震动，以免引起药剂松散，同时应防止水和其他液体滴溅到滤毒盒上，否则会降低防毒效能。

（2）使用防毒口罩过程中，对有臭味的毒气，当嗅到轻微气味时，说明滤毒盒内的滤毒剂是实效的。对于无味毒气，则要看安装在滤毒盒里的指示纸或药剂的变色情况而定。

（3）佩戴防毒口罩时，系带应根据头部大小调节松紧。两条系带应自然分开套在头顶的后方，过松和过紧都容易造成漏气或感到不舒服。

（4）防毒面具使用中应注意正确佩戴，一定要选择合适的规格，罩体边缘与头部贴紧。另外，要保持面具内气流畅通无阻，防止导气管扭弯压住，影响通气。

（5）当在作业现场突然发生意外事故出现毒气而作业人员一时无法脱离时，应立即屏住气，迅速取出面罩戴上；当确认头罩边缘与头部密合或佩戴正确后，猛呼出面具内余气，方可正常使用。

（6）防毒面具某一部件损坏，以致不能发挥正常作用，而且来不及更换面具时，使用者要采取应急处理措施，然后迅速离开有毒场所。

（三）眼防护具的安全使用

（1）使用的眼镜和面罩必须经过有关部门检验。

（2）挑选、佩戴合适的眼镜和面罩，以防作业时脱落和晃动，影响使用效果。

（3）眼镜框架与脸部要吻合，避免侧面漏光。必要时应使用护眼罩或防侧光型眼镜。

（4）防止面罩、眼镜受潮、受压，以免变形损坏或漏光。焊接用面罩应该具有绝缘性，以防触电。

（5）使用面罩式护目镜作业时，累计 8 小时至少更换一次保护片。防护眼镜的滤光片被飞溅物损伤时，要及时更换。

（6）保护片和滤光片组合使用时，镜片的屈光度必须相同。

（7）对于送风式，有防尘、防毒面罩的焊接面罩，应严格按照有关规定保养和使用。

（8）当面罩的镜片被作业环境的潮湿烟气及作业者呼出的潮气罩住，使其出现水雾，影响操作时，应暂停使用，并采取措施消除水雾。

（四）听力护具的安全使用

（1）佩戴耳塞时，先将耳郭向上提起使外耳道口呈平直状态，然后手持塞柄将塞帽轻轻推入外耳道内与耳道贴合。

（2）不要使劲太猛或塞得太深，以感觉适度为止，如隔声不良，可将耳塞慢慢转动到最佳位置；隔声效果仍不好时，应另换其他规格的耳塞。

（3）使用耳塞及防噪声头盔时，应先检查罩壳有无裂纹和漏气现象。佩戴时应注意罩壳标记，顺着耳型戴好，务必使耳罩软垫圈与周围皮肤贴合。

（4）在使用护耳器前，应用声级计定量测出工作场所的噪声，然后算出需衰减的声级，以挑选各种规格的护耳器。

（5）防噪声护耳器的使用效果不仅取决于这些用品质量好坏，还需使用者养成耐心使用的习惯和掌握正确佩戴的方法。如只戴一种护耳器隔声效果不好时，也可以同时戴上两种护耳器，如耳罩内加耳塞等。

（五）防护鞋的安全使用

（1）橡胶鞋有绝缘保护作用，主要用于电气、电力清砂、露天作业等岗位。

（2）球鞋有绝缘、防滑保护作用，主要用于检修、电气、起重机等工种。

（3）防滑鞋能防止操作人员滑跌，主要用于油库、退火炉等岗位。

（4）护趾安全鞋能保护脚趾在物体砸落时不受伤害，主要用于铸造、炼钢等工种。

（5）绝缘鞋应根据作业场所的电压高低来正确选用。穿低压或高压绝缘鞋，均不可以直接用手接触电气设备。

（6）布面绝缘鞋只能在干燥的环境下使用，因而要避免布面潮湿。

（7）穿着绝缘鞋时，应将裤管套入靴筒内。裤管不宜长及鞋底外沿条高度，更不能长及地面。

（六）防护手套的安全使用

（1）首先应了解不同种类手套的防护作用和使用要求，以便在作业时正确选用，切不可把一般场合用手套当作某些专用手套使用。如棉布手套、化纤手套等作为防振手套来用时，效果很差。

（2）在使用绝缘手套前，应先检查外观，如发现表面有孔洞、裂纹等应停止使用。绝缘手套使用完毕后，按有关规定保存好，以防老化造成绝缘性能降低。

（3）在使用振动工具作业时，不能认为戴上防振手套就安全了。应注意在工作中安排一定的时间休息，随着工具自身振频提高，可相应延长休息时间。

（4）在某些场合下，所有手套大小应合适，避免手套指过长，被机械绞或卷住，使手部受伤。

（5）对于操作高速回转机械作业时，可使用防振手套。某些维护设备和注油作业时，应使用防油手套，以避免油类对手的侵害。

（6）不同种类手套有其特定用途的性能，在实际工作时要结合作业情况来正确使用和区分，以保护手部安全。

（七）防护服的安全使用

躯干防护用品就是通常讲的防护服。根据防护功能分为一般防护服、防水服、防寒服、防砸背心、防毒服、阻燃服、防静电服、防高温服、防电磁辐射服、耐酸碱服、防油服、水上救生衣等。

防护服的穿戴要诀："三紧"，即领口紧、袖口紧、下摆紧。

（八）防坠落具的安全使用

安全网和安全带是主要的防坠落用品。安全网是应用于高处作业场所边侧，立装或者下方平张的防坠落网，用于防止和挡住人、物体坠落。

安全带按使用方式，分为围杆安全带和悬挂、攀登安全带两类。使用安全带要注意以下事项：

（1）使用安全带时，应检查安全带的部件是否完整、有无损伤，金属配件的各种环不得是焊接件，边缘光滑，产品上应有"安鉴证"。

（2）使用围杆安全带时，围杆绳上有保护套，不允许在地面随意拖着绳走，以免损伤绳套，影响主绳。

（3）悬挂安全带不得低挂高用，因为低挂高用在坠落时受到的冲击力大，对人体伤害也大。

（九）面罩面屏的安全使用

制造类企业常见的面罩面屏是焊接面罩。正确使用焊接面罩可以有效避免焊工的人身损伤。

（1）根据焊接作业量的大小、焊接质量控制要求及作业环境情况，选择手持或头戴式焊接面罩。

（2）根据焊接工艺质量和焊接效率要求，以及从降低焊工劳动强度出发，考虑使用自动变光焊接面罩还是黑玻璃焊接面罩。

（3）根据焊接工艺、发尘量大小、焊接烟尘的属性、作业环境条件及焊工对舒适度的要求，考虑选择送风式焊接面罩，还是非送风式焊接面罩。

（4）每次使用前按说明书要求检查焊接面罩的完整性，以及更换损坏的零件；经常清洁焊接面罩，保持焊接面罩的卫生；按说明书要求存放焊接面罩。

（十）护肤用品的安全使用

（1）劳动护肤用品以预防职业性伤害为主要目的，用于劳动生产过程中皮肤的防护。不同于化妆护肤品以皮肤保养、美容为主要目的，劳动护肤用品重点体现防护性能和对作业场所的环境及储存条件的适应性等特性。

（2）护肤剂一般在整个劳动过程中使用，涂用时间长，上岗时涂抹，下班后清洗，可起一定隔离作用，使皮肤得到保护。

（3）使用过程中，尘毒等有害物质有可能沾染在皮肤或工作服上，需要及时清理除去附着在皮肤和工作服上的有毒有害物质。

二、生产车间劳动防护要求

第三章已经介绍了汽车制造企业各车间的危险因素和安全防护措施，根据各车间不同的危险因素，实习生在实习过程应按照所在实习车间的安全防护要求，选择不同的个人劳动防护用品。图 4.11 中各车间“安全人”，形象地展示了实习车间的安全防护要求。

（一）冲压车间安全防护用品要求

安全帽、防护眼镜、口罩、耳塞、长袖防护服、防护袖套、手套、电焊面罩、围裙、长裤、封口皮鞋、护腕。

（二）车身车间安全防护用品要求

安全帽、耳塞、防护眼镜、口罩（按需）、安全防护工作服、护袖、护腕、布手套+防割手套、劳保鞋、工作裤、反光背心。

（三）涂装车间安全防护用品要求

防毒面具、防护眼镜、无纤维防静电连体服+帽、无纤维手套、钢包头劳保鞋、防尘口罩、无纤维防静电分体服、耳塞。

（四）总装车间防护用品要求

安全帽、防护眼镜、布帽、耳塞、工作服、口罩、反光背心、手套、安全鞋、工作裤。

（五）发动机工厂防护用品要求

安全帽、发网、防护眼镜、耳塞、长袖、短袖、长裤、安全鞋、防护手套。

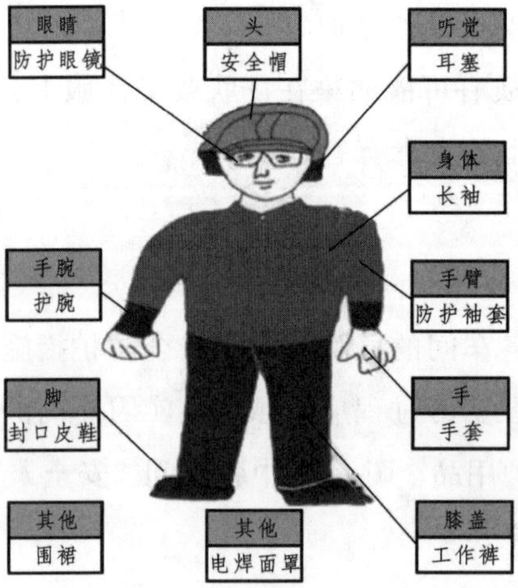

冲压车间

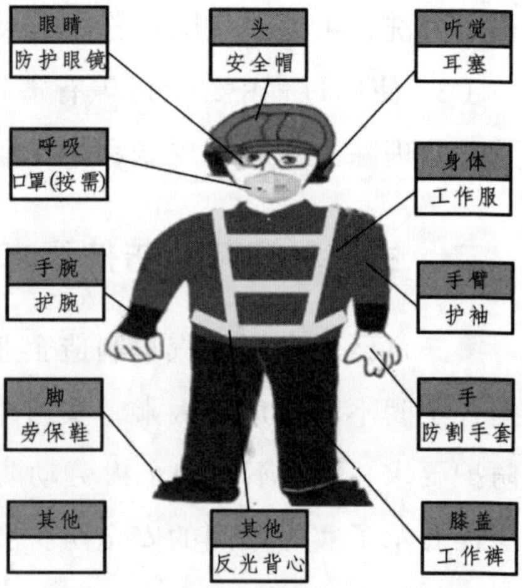

车身车间

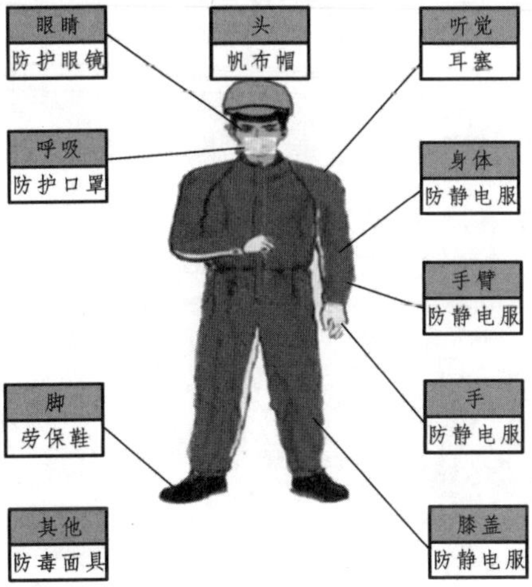

涂装车间

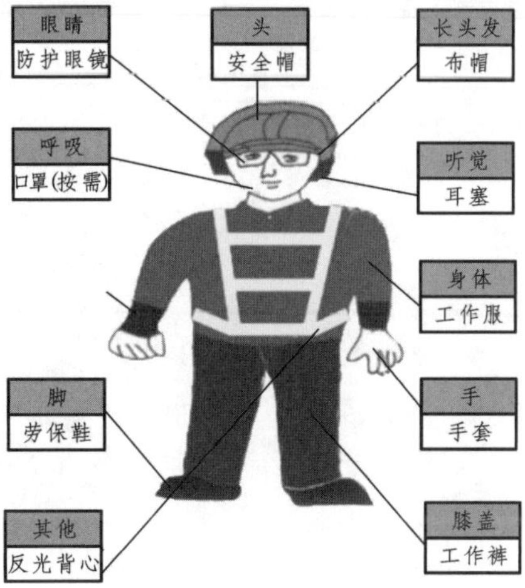

总装车间

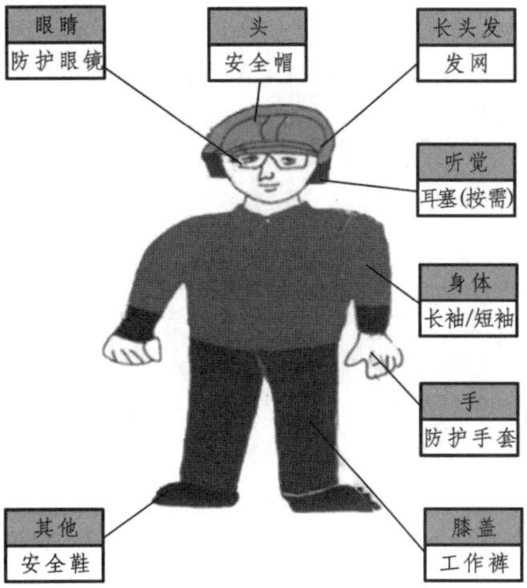

发动机工厂

图 4.11 汽车制造企业各车间“安全人”

05

第五章

实习生安全突发事件应急处置

职业院校学生外出实习时间比较长，通常为6个月到1年。实习生不同于毕业生，他们年龄小，且大部分学生是初次走出校门，加上缺乏足够的安全防范意识，实习期间安全突发事件时有发生，发生安全事故的频率与毕业生相比要大。为此，建立企业、学校、家长三方联动的实习生安全突发事件应急处置非常必要，以快速、有效地处理突发事件，最大限度地降低突发事件造成的人身和财物损害。

第一节 应急救援

一、应急救援的定义

应急救援一般是指针对突发、具有破坏力的紧急事件采取预防、预备、响应和恢复的活动与计划。根据紧急事件的不同类型，分为消防应急、卫生应急、交通应急、地震应急、厂矿应急、家庭应急等领域的应急救援。一旦发生紧急事件，需要立即按提前制定好的应急预案开展有效救援，减少损失和迅速组织恢复正常状态。

企业生产实习过程中，主要有设备故障、电器故障、人的不安全的行为，以及作业环境的事故，可能会遇到触电急救、创伤急救、火灾急救、中毒及中暑急救、传染病应急急救以及溺水急救等。

二、应急救援方法

（一）触电的急救知识

（1）触电者的生命能否获救，在绝大多数情况下取决于能否迅速脱离电源、正确实行人工呼吸和心脏按压，拖延时间、动作缓慢或救护不当，都可能造成人员伤亡。

（2）发生触电事故时，需立即脱离电源。出事附近有电源开关和电流插销时，可立即将电源开关翻开或拨出插销。

（3）当有电的电线触及人体引起触电时，不能采用其他办法脱离电源时，可用绝缘的物体（如枯燥的木棒、竹竿、绝缘手套等）将电线移开，使人体脱离电源。

（4）切断电源后，应防止人体脱离电源后造成的二次伤害，如高处坠落、摔伤等。

（5）触电者如神志清醒，但感乏力、头昏、心悸、出冷汗，甚至有恶心或呕吐时，应使其就地安静休息，减轻心脏负担，加快恢复，情况严重时，应立即送往医院检查治疗。

（二）心肺复苏的急救知识

心肺复苏术是针对骤停的心脏和呼吸采取的救命技术，是为了恢复患者自主呼吸和自主循环。严重的触电病人因其他原因造成的呼吸停顿或者心脏停顿，应用人工呼吸法来维持气体交换和体外人工心脏挤压法来维持血液循环。

（1）摆好患者体位：患者仰卧坚硬平板上；抢救者双腿跪于（或立于）伤者的一侧。

（2）胸外心脏按压：两乳头连线中点（胸骨中下 1/3 处），用左手掌根紧贴病人的胸部，两手重叠，左手五指翘起，双臂伸直，用上身力量用力按压 30 次（按压频率至少 100 次/min，按压深度至少 5 cm）（见图 5.1）。

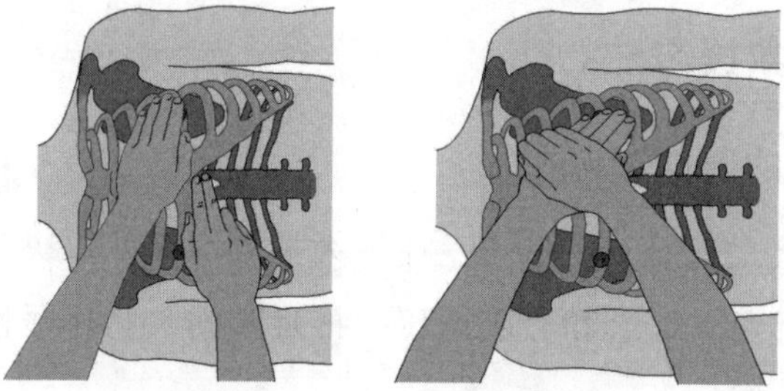

图 5.1　胸外心脏按压

（3）将患者仰头抬颏、双手抬颌打开气道，清除口鼻分泌物，使患者气道通畅。

（4）人工呼吸口对口吹气 2 次，每次吹气持续 1 s，并观察患者胸廓上抬，潮气量 400~600 mL 一次吹气完毕后，用手捏住鼻子或用脸颊堵住鼻子。

（5）心脏按压、通气比：成人的按压通气比通常为30：2。

（6）重复心脏按压和人工呼吸：坚持不间断地进行，不可轻易停止，直至患者恢复呼吸和有脉搏，或者等待专业救护人员到来。

（三）创伤的急救知识

创伤分为开放性创伤和闭合性创伤。开放性创伤是指皮肤或黏膜的破损，常见的有擦伤、切割伤、撕裂伤、刺伤、烧伤；闭合性创伤是指人体部组织的损伤，而没有皮肤黏膜的破损，常见的有挫伤、挤压伤。

1.开放性创伤的处理

对伤口进行清洗消毒：可用生理盐水和酒精棉球，将伤口和周围皮肤上沾染的泥沙、污物等清理干净，并用干净的纱布吸收水分及渗血，再用酒精等药物进行初步消毒。

止血：对于出血不止的伤口，能否做到及时有效地止血，对伤员的生命安危影响较大。可以用手压迫止血，或使用绷带、毛巾、布块等材料进行包扎止血，保护伤口，减轻疼痛。

烧伤的急救：应先去除烧伤源，将伤员尽快转移到空气流通的地方，用较干净的衣服把创面包裹起来，防止再次污染；在现场，除了化学烧伤可用大量流动清水冲洗外，对创面一般不做处理，尽量不弄破水泡，保护表皮。

2.闭合性创伤的处理

对较轻的闭合性创伤，如局部挫伤、皮下出血，可对受伤部位进行冷敷，以防止组织继续肿胀，减少皮下出血。

如发现人员从高处坠落或摔伤等意外时，要仔细检查其头部、颈部、胸部、腹部、四肢、背部和脊椎，看是否有肿胀、青紫、局部压疼、骨摩擦声等其他部位损伤。如果出现上述情况，不能随意搬动患者，需按照正确的搬运方法进行搬运，否则可能造成患者神经、血管损伤，以致加重病情。

如怀疑心脏有伤，应尽早让伤员得到专业的医疗处理；运送伤员时要采取卧位，小心搬运，注意保持呼吸道畅通，注意防止休克。运送过程中，如突然出现呼吸、心搏骤停时，应立即进行人工呼吸和体外心脏挤压法等急救措施。

（四）火灾的急救知识

发生火灾时，在按要求程序拨打 119 报警电话后，还要视火势情况逃生或者救护别人，不能盲目施救，要在确保人身安全的情况下量力而行、科学有序进行。

（1）发生火灾时，火灾现场应由专业受过训练的人员进行灭火和急救，其他人员听到紧急疏散信号应迅速撤离现场。离开现场时要顺着疏散通道迅速有序进行。在公共场所的墙上、门上、转弯处都有“安全出口”“安全通道”“火警电话”逃生方向的标志，要顺着标志到达指定集合地点。

（2）处于安全位置时及时报警。全体人员在任何时间、任何地点，一旦发现起火都要立即报警，并参与和组织群众扑灭火灾。

（3）先控制，后消灭。对于不可能立即扑灭的火灾，要先控制火势，具备灭火条件时再配合消防队员展开全面灭火。

（4）救人重于救火。灭火的目的是开辟救人通道，使被困的人员得到救援。

（5）先重点，后一般。重要物资和一般物资相比，要先保护和抢救重要物资；火势蔓延猛烈面和其他面相比，控制火势蔓延面是重点。

（6）人员撤离火场途中被浓烟围困时，应采取低姿势行走或匍匐穿过浓烟，有条件时可用湿毛巾等捂住嘴鼻，以便顺利撤出烟雾区；如无法逃生时，可用浸湿的被褥衣物等堵塞门缝，泼水降温，并向外发出求救信号引起注意。

（7）如果身上着了火，不要奔跑，应想办法脱掉着火的衣服或用湿物料熄火。因为奔跑时，会形成一股风，就像给炉子煽风一样，使火越烧越旺。

（8）逃生切记不能乘坐电梯。高层建筑起火时，如果不是消防专用电梯，绝对不能乘坐电梯逃生。因为这时候的电梯电源随时有可能被切断，并且电梯通道往往在发生火灾时会首先成为充满烟雾的烟道。

（五）灭火器的正确使用

灭火器的种类很多，按其移动方式可分为：手提式和推车式；按驱动灭火剂的动力来源可分为：储气瓶式、储压式、化学反应式；按所充装的灭火剂可分为：泡沫、干粉、卤代烷、二氧化碳、酸碱、清水等。常用的是干粉灭火器和泡沫灭火器。

火灾根据可燃物的类型和燃烧特性，分为 A、B、C、D、E、F 6 大类。

A 类火灾：固体物质火灾。这种物质通常具有有机物质性质，一般在燃烧时能产生灼热的余烬，如木材、干草、煤炭、棉、毛、麻、纸张、塑料（燃烧后有灰烬）等火灾。

B 类火灾：液体或可熔化的固体物质火灾，如煤油、柴油、原油、甲醇、乙醇、沥青、石蜡等火灾。

C 类火灾：气体火灾，如煤气、天然气、甲烷、乙烷、丙烷、氢气等火灾。

D 类火灾：金属火灾，如钾、钠、镁、钛、锆、锂、铝镁合金等火灾。

E 类火灾：带电火灾，即物体带电燃烧的火灾。

1.干粉灭火器的使用知识（见图 5.2）

干粉灭火器适用于易燃、可燃液体、气体及带电设备的初期火灾；磷酸铵盐干粉灭火器除可用于上述几类火灾外，还可扑救固体类物质的初期火灾。但都不能扑救金属燃烧火灾。

（1）使用前要将瓶体上下颠倒几次，使筒内干粉松动（检查压力表是否在范围值内），然后除掉铅封，拔掉保险销。

（2）左手握着喷管，右手提着压把。在距火焰 2 m 的地方，右手用力压下压把，左手拿着喷管左右摇摆，喷射干粉覆盖燃烧区，直至把火全部扑灭。

（3）除掌握正确的灭火器使用方法外，还要有良好的心理素质，遇事不惊慌，才能将火苗熄灭在初期火情阶段。

推车式干粉灭火器的使用方法与手提式干粉灭火器的使用相同。

干粉灭火器

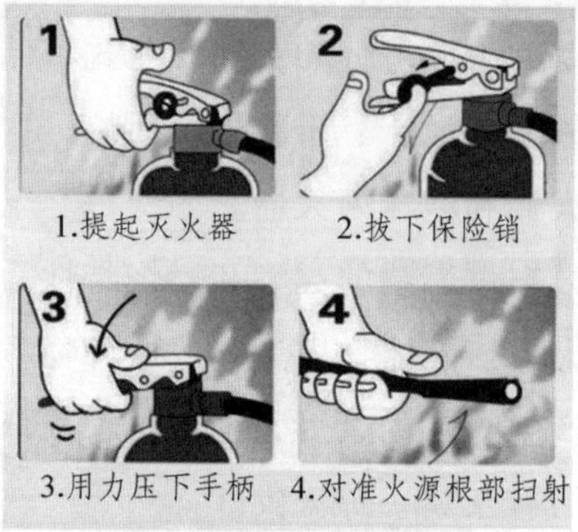

干粉灭火器的正确使用

图 5.2　干粉灭火器及使用

2.泡沫灭火器的使用知识

泡沫灭火器适用于扑救一般 B 类火灾，如油制品、油脂等火灾，也可适用于 A 类火灾，但不能扑救 B 类火灾中的水溶性可燃、易燃液体的火灾，如醇、酯、醚、酮等物质火灾，也不能扑救带电设备及 C 类和 D 类火灾。

（1）手提式泡沫灭火器使用方法（见图 5.3）。可手提筒体上部的提环，迅速奔赴火场。这时应注意不得使灭火器过分倾斜，更不可横拿或颠倒，以免两种药剂混合而提前喷出。当距离着火点 10 m 左右，即可将筒体颠倒过来，一只手紧握提环，另一只手扶住筒体的底圈，将射流对准燃烧物。在扑救可燃液体火灾时，如已呈流淌状燃烧，则将泡沫由远而近喷射，使泡沫完全覆盖在燃烧液面上；如在容器内燃烧，应将泡沫射向容器的内壁，使泡沫沿着内壁流淌，逐步覆盖着火液面。切忌直接对准液面喷射，以免由于射流的冲击，反而将燃烧的液体冲散或冲出容器，扩大燃烧范围。在扑救固体物质火灾时，应将射流对准燃烧最猛烈处。灭火时随着有效喷射距离的缩短，使用者应逐渐向燃烧区靠近，并始终将泡沫喷在燃烧物上，直到扑灭。使用时，灭火器应始终保持倒置状态，否则会中断喷射。

图 5.3　手提式泡沫灭火器

图 5.4　推车式泡沫灭火器

（2）推车式泡沫灭火器使用方法（见图 5.4）。使用时，一般由两人操作，先将灭火器迅速推拉到火场，在距离着火点 10 m 左右处停下，由一人施放喷射软管后，双手紧握喷枪并对准燃烧处；另一人则先逆时针方向转动手轮，将螺杆升到最高位置，使瓶盖开足，然后将筒体向后倾倒，使拉杆触地，并将阀门手柄旋转 90°，即可喷射泡沫进行灭火。如阀门装在喷枪处，则由负责操作喷枪者打开阀门。

（六）中毒和中暑的急救知识

中毒主要有食物中毒、燃气中毒及化学有害气体中毒。中暑是指人员因处于高温高热的环境而引起的疾病。

1.食物中毒的救护

发现饭后有人呕吐、腹泻等不正常病症时，尽量让病人大量饮水，刺激喉部使其呕吐；立即将病人送往就近医院或打急救 120；及时报告直接主管和当地卫生防疫部门，并保存剩余食品以备检验。

2.燃气中毒的救护

发现有人煤气中毒时，要迅速打开门窗，使空气流通，将中毒者转移到室外实行现场急救；立即拨打急救 120 或将中毒者送往就近医院；及时报告直接主管。

3.化学有害气体中毒的救护

发现有人化学品中毒，应立即报告直接领导及有关部门，现场不具备抢救条件时，应及时拨打 110 或 120 求救。其他人员不要盲目跑到出事地点救助，必须先让现场通风，或者佩戴防毒防护措施，在确保自身安全的情况下，才能去救人。

4.中暑的救护

在酷暑之下，作业人员暴露于酷热仅仅几小时之后就有可能发生中暑。患者起初感到乏力，头痛，恶心，接着皮肤干热、体温升高（39.4~43.3℃），伴有头痛、呕吐，烦躁不安及意识模糊，病情严重的可能导致谵妄、虚脱、抽搐。

首先迅速转移中暑人员。将中暑者迅速转移至阴凉通风的地方，解开衣服、脱掉鞋子，让其平卧，不要垫高头部。

其次想办法帮中暑者降温。用凉水或 50%酒精擦其全身，直到皮肤发红，血管扩张，以促进散热。

最后给中暑者补充水分和无机盐类。能饮水的患者应鼓励其喝足凉盐开水或其他饮料，不能饮水者，应予静脉补液。医疗条件不完善时，应密切观察患者，精心护理，送往就近医院进行抢救。

（七）传染病急救知识

企业人员密集，如果控制不当，容易造成集体感染传染病。因此需要采取正确的措施加以处理，防止大面积人员感染传染病。

（1）如发现有集体发烧、咳嗽等不良病症，应立即报告直接主管和有关主管部门，配合对患者进行隔离。

（2）协助专业人员立即把患者送往医院进行诊治，陪同人员必须做好防护隔离措施。

（3）协助专业人员对可能出现病因的场所进行隔离、消毒，严格控制，以防止疾病的再次传播。

（八）溺水急救知识

溺水是指被水淹的人的呼吸道遇水刺激发生痉挛，收缩梗阻，造成窒息和缺氧，需要紧急抢救。

（1）发现溺水者后应尽快将其救出水面，但如不懂得水中施救和不了解现场水情，则不可轻易下水，可充分利用现场器材，如绳、竿、救生圈等救人。

（2）将溺水者平放在地面，迅速撬开其口腔，去除其口腔和鼻腔异物，如淤泥、杂草等，使其呼吸道保持通畅。

（3）倒出腹腔吸入物，但要注意不可一味倒水而延误抢救时间。将溺水者置于抢救者屈膝的大腿上，头部朝下，按压其背部迫使呼吸道和胃里的吸入物排出。

（4）当溺水者呼吸停顿或极为微弱时，应立即实施人工呼吸，必要时施行胸外按压。

（5）未成年人不宜下水救人，可采取报警求助的方式。

第二节 现场作业安全事故预防

学生实习期间发生人身事故，主要原因是作业过程、作业条件和作业环境中存在着各种危险源。危险源在一定的触发条件和演化程序作用下又转化为安全事故。

尽管企业不断加强安全教育，采取多种防范措施来预防安全事故的发生，在实际作业中，有些员工仍存在马虎、不在乎、看惯了、干惯了、习惯了的惯性思维，不愿认真学习设备操作规程，不按要求安全操作，存在侥幸心理，对日常中各种安全隐患视而不见，直至酿成大祸。从已经发生的安全事故来看，主要包括：车辆伤害事故、零部件刮伤、割伤、压伤、工具飞出伤人、高温热水烫伤、不戴手套等由人的不安全行为引起的伤害等。

事故一发生，就成为教训。如果没有真正地了解事故发生的原因，并采取有效措施去消除这些原因，就会再次出现类似的事故。人们根据对过去事故所积累的经验和知识，以及对事故规律的认识，并采用科学的方法和手段，可以对未来可能发生的事故进行预测。事故预测就是在认识事故发生规律的基础上，充分了解、掌握各种可能导致事故发生的危险因素以及它们的因果关系，推断它们发展演变的状况和可能产生的后果。研究制造企业发生的生产安全事故，主要从人、设备、环境 3 个方面和基本因素以及管理的因素进行分析，事故的发生取决于人、设备和环境的关系，具有比较大的偶发性和复杂性。

一、人为因素安全事故的预防

人为安全事故在工业生产发生的事故中占有较大的比例。人为安全事故是由人的不安全行为造成的事故。在企业生产过程中，人既是促进生产发展的决定因素，又是生产中安全与事故的决定因素。人的安全行为能保证安全生产，人的不当行为会导致生产事故。因此，想要有效预防、控制安全事故的发生，必须做好人的预防性安全管理，强化和提高人的安全行为，改变和抑制人的异常行为，使之达到安全生产的客观要求，以此超前预防、控制事故的发生。

（一）人为因素安全事故案例

【事故案例】

2011 年 9 月 8 日，车身车间 D 线总拼工段 1# 拼台右侧的涂胶工位实习生张某，在完成装配侧围作业后，正常启动生产线输送车辆。此时张某发现铁锤掉在光栅内操作区域的输送线旁，他未按下急停按钮或使用光栅急停功能就直接跨过光栅进入操作区域捡铁锤。张某在弯腰捡铁锤时，被向后运行回位的 1# 拼台托架上的支架拖到 1# 拼台中间的基座下。听到张某的呼救后，2# 拼台右侧的预装工位员工莫某立即踩住光栅，阻止输送线运行，并且立即通知班组长及工段长，随后将伤者送往医院接受治疗。

【事故分析】

（1）实习生张某安全意识淡薄，违反安全操作规程，避开光栅跨入设备正在运行的区域，是安全事故的直接原因。

（2）班组、工段和车间在开展日常安全工作中，未辨识出以上危险源，在该事故中负管理责任。

【整改措施】

（1）将此事故作为事故教训进行学习，并对车间每一名员工进行培训。

（2）重新辨识和评估岗位危险源并开展培训，对全体员工进行安全操作规程培训。

（3）对区域输送线、运行机械设备进行危险危害辨识，并增加颜色标识。

（4）对员工进行异常情况处理方法的针对性演练。

（5）排查所有区域光栅控制面情况，对监控面积过大、存在死角等区域的光栅进行整改。

（二）人为因素安全事故的主要原因是人的不安全行为

在生产企业中，人为的不安全行为是指作业人员在工作活动过程中，违反劳动纪律、操作程序和方法等具有危险性的做法。人的不安全行为主要有以下表现：

（1）操作失误，忽视安全，忽视警告。未经许可开动、关停、移动机器；开动、关停机器时未给信号、开关未锁紧，造成意外转动、通电或泄露等；忘记关闭设备；忽视警告标志、警告信号；操作错误（按钮、阀门、扳手、把柄等）；奔跑作业、供料或送料速度过快；机械超速运转；违章驾驶机动车；酒后作业；冲压机作业时，手伸进冲压设备；工件紧固不牢；用压缩空气吹铁屑等。

（2）造成安全装置失效。拆除了安全装置、安全装置堵塞，造成安全装置失效等。

（3）使用不安全设备。临时使用不牢固的设施，使用无安全装置的设备等。

（4）用手代替工具操作。如用手代替手动工具、用手清除铁屑、不用夹具固定、用手拿工件进行加工。

（5）成品、半成品、材料、工具、切屑和生产用品等存放不当。

（6）冒险进入危险场所。装车时未离开危险区；未经安全监察允许进入油罐中；调车场超速上下车，易燃易爆场合使用明火。

（7）攀、坐不安全位置，如平台护栏、汽车挡板、吊车吊钩。

（8）在起吊物下作业、停留。

（9）机器运转时加油、维修、检查、调整、焊接、清扫等。

（10）有分散注意力的行为。

（11）在必须使用个人防护用品用具的作业或区域，忽视其使用。未戴护目镜或面罩、未戴防护手套、未穿安全鞋、未戴安全帽、未佩戴呼吸护具、未佩戴安全带、未戴工作帽及其他。

（12）不安全装束。在有旋转零部件的设备旁作业时穿过肥大服装、操纵带有旋转零部件的设备时戴手套等。

（13）对易燃、易爆等危险物品处理错误。

（14）车辆、物料设备的不安全放置；物料、工具、垃圾等的不安全放置等。

（三）强化人的安全行为，预防和控制安全事故的发生

开展安全教育，提高全员的安全意识，强化动态安全管理，使其安全作业，做到有效预防、控制人为事故的发生。

（1）强化安全意识教育。工作人员要自觉接受教育，不断提高安全意识，牢固树立安全思想，为实现安全生产提供安全观念保证。

（2）强化安全技能培训。工作人员要努力学习生产技术和安全技术知识，不断提高安全素质和事故应变能力，为实现安全生产提供技能技术上的保证。

（3）强化安全作业习惯约束。必须严格执行安全规律，不能违规作业，冒险蛮干。只有用安全法规统一自己的生产行为，才能有效预防安全事故的发生，实现安全生产。

（4）正确使用安全保护用品。要做好个人使用的工具、设备和劳动保护用品的日常维护保养，使之保持完好状态；要做到正确使用，当发现有异常时要及时处理，消除事故发生隐患，保证安全生产。

（5）坚决抵制违章指挥。要服从安全管理，并敢于阻止他人违章指挥，保质保量地完成自己分担的生产任务，遇到问题要及时提出，求得解决，确保安全生产。

（6）做到自我行为控制，预防安全事故发生。工作人员在从事生产实践活动之前或者生产之中，当发现自己有产生异常行为的因素存在时，像身体疲劳、身体不适，或者因外界影响思想混乱等，能及时认识和加以改变，暂时停止生产，进行短暂休息，等异常行为消失后再恢复作业；当发现生产环境异常，工具、设备异常时，能及时采取措施，改变异常状态，从而预防安全事故的发生。

（7）实施安全监护。对从事危险性较大的生产活动的人员，需要指定专人对其作业行为进行安全提醒和安全监督。例如，电工在停送电作业时，一般要两人同时进行，一人操作，一人监护，防止误操作的事故发生。

二、设备因素安全事故的预防

在生产作业实践中，设备是决定生产效能的物质技术基础，没有生产设备，现代生产是无法进行的。设备的异常状态是导致与构成安全事故的重要因素。没有机械设备的异常运行，就不会发生围绕这个设备导致的各种安全事故。因此，要想超前预防、控制设备安全事故的发生，必须做好设备的预防性安全管理，强化设备的安全运行，改变设备的异常状态，使之达到安全运行要求。

（一）设备因素安全事故案例

【事故案例】

2015 年 7 月 17 日，车身车间 A 线员工韦某和黄某在安装总拼 1#台侧围自动预装支架时，韦某打开切割机要打磨支架。当打开切割机试运转时，正常作业中，磨片突然断裂飞出，断裂飞出的磨片打到气缸后向侧后方反弹碰到站在韦某后侧方向的黄某的下巴，划破了黄某的下巴表皮，造成一起急救事故。

【事故分析】

（1）断裂的磨片飞出打到气缸反弹蹭破员工的下巴表皮。

（2）因为切割机的磨片存在质量问题（隐裂），开机试运行时发生磨片断裂。

【整改措施】

（1）重新评估更换使用 2.0 以上厚度或双层加强网的磨片。

（2）针对此次出现的磨片断裂质量问题，进行分析并出具分析报告以及对磨片供应商的质量检查措施，避免此类事故再次发生。

（二）设备不安全状态的表现

设备因素引起安全事故是指设备在不安全状态下引起或曾经引起事故。在生产过程中，设备的不安全状态极易出现。所有设备的不安全状态，都与人的不安全行为或人的操作、管理失误有关。在设备的不安全状态背后，往往隐藏着人的不安全行为或人的失误。设备的不安全状态，有以下表现：

（1）防护、保险、信号等装置缺乏或有缺陷。

（2）设备无防护。无防护罩；无安全保险装置；无报警装置；无安全标志；无护栏或护栏损坏；电器装置未接地；绝缘不良；局部通风机无消音系统，噪声大；危房内作业；未安装放置“跑车”的挡车器或挡车栏等。

（3）设备防护不当。防护罩未在适应位置；防护装置调整不当；电器装置带电部分裸露等。

（4）设备、设施、工具附件有缺陷。

（5）设备设计不当，结构不符合安全要求。

（6）设备制动装置有缺欠；安全间距不够。

（5）设备在非正常状态下运行。设备带“病”运转、超负荷运转等。

（6）设备维修、调整不良。设备失修，保养不当，设备失灵等。

（7）设备产生有害噪声、有害振动、有害电磁辐射。

（三）设备因素导致事故的预防控制要点

在现代化生产中，人与设备是不可分割的统一整体，没有人的作用设备是不会自行投入生产使用并发挥最大生产效率的，同样没有设备人也难以从事生产实践活动，只有把人与设备有机地结合起来，才能促进生产的顺利进行。但是人与设备又不是同等的关系，而是主从关系。人是主体，设备是客体，设备不仅是人设计制造的，而且是由人操纵使用的，服从于执行人的意志。同时人在预防、控制设备事故中，始终起着主导支配的作用。

因此，对设备因素的安全事故的预防和控制，要以人为主导，运用设备事故规律、经验，重点做好预防性安全管理工作。

（1）首先要根据生产需求和质量标准，做好设备的选购、进厂验收和安装调试，使投产的设备达到安全技术要求，为安全运行打下基础。

（2）开展安全宣传教育和技术培训，提高人的安全技术素质，使其掌握设备性能和安全使用要求，并做到专机专用，为设备安全运行提供人的素质保证。

（3）要为设备安全运行创造良好的条件，如为设备安全运行保持良好的环境，安装必要的防护、保险、防潮、防腐、保暖、降温等设施，以及配备必要的测量、监视装置等。

（4）配备熟悉设备性能、会操作、懂管理，能达到岗位要求的技术工人。其中，危险性设备、特种设备要做到持证上岗，禁止违章使用。

（5）按设备的故障规律和经验总结，定好设备的检查、试验、修理周期，并按期进行检查、试验、修理，巩固设备安全运行的可靠性。

（6）要做好设备运行中的日常维护保养，如该防腐的防腐，该降温的降温，该去污的去污，该注油的注油，该保暖的保暖等。

（7）要做好设备运行中的安全检查，及时发现问题，及时加以解决，使之保持安全运行状态。

（8）根据需要和可能，有步骤、有重点地对老、旧设备进行更新、改造，使之达到安全运行和发展生产的客观要求。

（9）建立设备管理档案、台账，做好设备事故调查、讨论分析，采取保证设备安全运行的安全技术措施。

（10）建立、健全设备使用操作规程和管理制度及责任制，用以指导设备的安全管理，保证设备的安全运行。

（11）对设备进行预防性管理，及时检查、修理和报废设备，做到设备“不带病”服役。

三、环境因素导致安全事故的预防

环境因素也是导致安全事故的重要方面。环境，是指生产实践活动中占有的空间及范围内的一切物质状态。其中又分为固态环境状态（固定空间内的一切物质状态）和流动环境状态（流动性作业设备所占有的空间和范围）。通过研究环境与事故的联系发现安全事故的规律，认识异常环境的各种表现，可以有效预防、控制异常环境导致安全事故的发生；同时，主动改进和完善环境条件，使其起到超前预防、控制安全事故的作用，这是研究环境因素导致安全事故的目的。

（一）环境因素安全事故案例

【事故案例】

2017 年 2 月 13 日 21 点，租住雅儒路东五巷 30-3 号私人房的河西基地实习生覃某，下班洗澡后在宿舍休息。突然听到同居室舍友赵某（同为一学校同学）传来叫喊。覃某立即冲过去查看，看到赵某神情恍惚，另外一人（也是同一学校同学）已昏迷。赵某赶紧拨打 120 求救。医生随即赶来诊断为一氧化碳中毒。2 人被送至市工人医院高压氧舱治疗，14 日凌晨 2：00 左右经医生确认，2 人均已清醒，万幸无生命危险。

【事故分析】

（1）进家后有轻微煤气味道，经确认是煤气泄漏引起环境煤气浓度升高。

（2）阳台热水器无外排烟囱，废气直接排到阳台，阳台和卧室空气相通。

（3）阳台和厨房液化气罐总阀未关，煤气泄漏均可通到卧室。

（4）小雨天，窗户全部关闭，新鲜空气不对流。

（5）未经同意，不要随便留宿其他人。

【整改措施】

（1）针对全体实习生，全面排查出租屋的热水器废气排放是否安全；

（2）制造部组织全员开展液化气安全使用知识培训，每人签到学习；

（3）定期检查宿舍用气安全，出租屋煤气使用安全。

（二）环境因素成为安全事故的危险源

良好的环境是保证安全生产的物质因素，异常环境是导致生产安全事故的物质因素。例如，在生产过程中，照明灯光忽明忽暗会引起作业人员操作失误，环境中的温度变化、高温天气可能导致劳动者中暑，严寒能导致劳动者冻伤，也能影响设备安全运行导致设备事故。又如，生产环境中的各种有害气体能引起爆炸事故和导致劳动者窒息、中毒；尘、毒危害会导致作业人员患职业病；生产环境中的地形不良、材料堆放混乱，或有其他杂物等，均能导致安全事故发生。

环境因素成为安全事故的危险源，具有以下表现：

（1）生产环境照明光线不良。光照不足或者过强，作业场地烟雾尘弥漫，视线不清。

（2）通风不良，无通风。通风系统效率低；风流短路；停电、停风时运行爆破作业；易爆其他排放未达到安全浓度。

（3）作业场所狭窄。没有足够空间，导致环境空气不良。

（4）作业场所杂乱。工具、工件、材料堆放不安全。

（5）地面湿滑。地面有油或其他液体。

（6）环境温度、湿度不当。

（三）环境因素导致事故的预防控制要点

在认识到良好的环境是安全生产的保证，异常环境是导致安全事故的危险因素之后，可以依据环境安全与管理的要求，根据环境因素导致安全事故的规律和经验，对环境因素导致的安全隐患进行预防和控制，主要应做好以下几个方面工作：

（1）运用安全法制手段加强环境管理，预防事故的发生。

（2）治理尘、毒危害，预防、控制职业病发生。

（3）应使用劳动防护用品，预防、控制环境导致的安全事故。

（4）运用安全检查手段改变异常环境，做到及时发现并及时改变生产的异常环境，使之达到安全要求，防止安全事故发生。

（5）对不能加以改变的异常环境，如临电作业、危险部位等，要设置安全标志，从而控制异常环境，避免安全事故的发生。

第三节 实习安全突发事件处置机制

对待安全突发事件需要两种态度：一是预防，即预先采取各种措施防止事故发生；二是控制，即当安全突发事件发生的紧急时刻，启动突发事件应急预案，采取及时、有效的措施防止事故扩大，减少事故的损失，控制事故的后果。安全事故是随机事件，不可能完全杜绝，因此，在生产作业岗位，各种控制事故的预案、处置事故的措施必须随时处于待命状态。

一、安全突发事件处置的根本任务

安全突发事件处置的总目标是通过有效的救援行动，尽可能地降低安全突发事件的后果，包括人员伤亡、财产损失和环境破坏等。安全突发事件处置的根本任务包括以下几个方面：

（1）立即组织营救受害人员，组织撤防或者采取其他措施保护危害区域内的其他人员。抢救受害人员是安全突发事件处置的首要任务，在救援行动中，快捷、有序、有效地实施现场急救与安全转送伤员是降低伤亡率、减少事故损失的关键。重大事故发生突然、扩散迅速、涉及面广、危害大，应及时指导和组织员工采取各种措施进行自身防护，必要时迅速撤离危险区或可能受到危害的区域。在撤离过程中，应积极组织员工自救和互救。

（2）迅速控制事态，并对事故造成的危害进行检测、监测，测定事故的危害区域、危害性质和危害程度。及时控制住造成事故的危险源是应急救援工作的重要任务，只有及时地控制住危险源，防止事故的继续扩展，才能及时有效地进行救援。因而应尽快组织工程抢险队与事故发生单位的技术人员一起及时控制事故继续扩展。

（3）消除危害后果，做好现场恢复。针对事故对人体、动植物、土壤、空气等造成的现实可能的危害，应迅速采取封闭、隔离、洗消、监测等措施，防止对人的继续危害和对环境的污染，及时清理废墟和恢复基本设施，将事故现场恢复至相对稳定的基本状态。

（4）查清事故原因，评估危害程度。事故发生后应及时调查事故发生的原因和事故性质，评估出事故的危害范围和危害程度，查明人员伤亡情况，做好事故调查。

二、安全突发事件处置机构

为提高实习生发生安全事故及突发事件的处置能力，更高效地采取应急处置措施，应成立实习生安全事故及突发事件预防和应急处置工作小组。应急处置工作小组应由实习单位和学校两方的相关人员组成。

三、预防和处置机构的主要职责

（1）建立健全实习生安全及突发事件预防和应急处置机制。预防和处置突发事件，提高对突发事件的预防和应急处置能力，做好实习生安全及突发事件的组织领导、过程协调、善后处理和稳定等工作。

（2）企业与学校联防联控，协同处理。工作小组应与上级政府、教育主管等部门、应急管理部门及时沟通，确保突发事件有序、高效处置。

（3）遵循预防为主，常备不懈的工作方针。贯彻统一领导、分级负责、反应及时、措施果断、依靠科学、加强合作的原则，建立群防群控、横向到边、纵向到人的工作网络。

（4）牢固树立安全第一、责任重于泰山的思想，加强实习实训指导教师队伍建设。参照国家法律法规，积极开展安全教育和突发事件应急知识专项教育活动，增强预防和处置突发事件的能力。

（5）对实习生在企业岗位的实习加强督查检查，制定严格的督查制度并定期开展检查。

四、预防和处置机构适用范围

（一）实习生安全突发事件的主要类型

（1）生产安全类：生产安全事故、交通安全事故、一氧化碳中毒及传染病感染等。

（2）社会治安类：如酗酒闹事、打架斗殴、抢劫偷盗、严重破坏公共财物等。

（3）群体事件类：如示威、游行、集会、罢工等。

（4）自然灾害类：如地震、水灾、雷电等。

（二）安全突发事件的级别类型

（1）一般性安全事件。发生一般安全事故、一般伤害事件、实习人员走失等事件应判定为一般事件。

（2）重大安全事件。发生重大人身伤害事件、一般刑事案件、较大安全事故、实习人员突发抢救性急病、实习人员失踪等应判定为重大事件。

（3）特大安全事件。发生死亡、特大安全事故、特大刑事案件或群体性事件应判定为特大事件。实习生在企业岗位实习，凡出现以上各类事件，应立即启动预防和处置工作小组及工作预案。

五、安全突发事件预防措施

（1）加强安全警示教育工作，提升学校管理领导、指导教师的安全防范意识和责任意识，指导开展学生的日常安全教育和职业岗位安全规范教育，防范安全事故的发生。

（2）学校相关部门加强实习生企业岗位实习的管理。组织学生到企业岗位实习要严格按照学校实习实训管理规定执行，确保岗位实习的管理工作到位，责任到人，并采取有力措施，防止意外事件的发生。

（3）重视岗位实习活动的安全防范工作，牢固树立“安全第一”的思想，开展岗位实习教学活动前要对学生进行岗前培训、纪律教育和安全教育，增强学生的自我保护意识和灾害防范能力。

（4）学校需严格组织、管理、监督和检查每一项岗位实习实训活动，对可能存在的人身安全隐患、设备安全隐患及时进行检查、预防和解决。定期组织赴实习企业检查，发现问题及时组织整改。

（5）在学生参加岗位实习期间，学校的指导教师要与企业指导教师紧密联系，加强岗位实习的管理，督促学生遵守安全生产操作规范和工作纪律，发现不安全、不规范、不守纪律行为时，要及时制止。

（6）学生进入企业岗位实习前，必须接受企业的安全培训，正确佩戴作业区域的劳动防护用品。

六、安全突发事件应急处置措施

（1）严格落实报告制度，落实“早发现、早报告、早处置”的原则，确保突发事件得到及时有效的预防和控制。事发现场的人员，必须在第一时间向企业直接主管和学校老师报告。企业方和学校方按双方汇报流程进行报告、处理。

（2）事发现场的企业员工、学校老师或其他在场的企业员工，要冷静、果断地采取有效的预防和急救措施，及时制止险情和安排抢救工作。如有必要应立即向医疗（120）、消防（119）、交警（122）、公安（110）求助。

（3）企业方安全工程师和车间领导，应及时安排相关工作人员赶赴事发现场处理事件。学校方接到事件报告后，应立即安排相关老师到现场协助处理事件。一般性安全事故和突发事件由系一级领导安排老师赶赴现场处置；重大安全事故和突发事件，由学校分管领导赶赴现场处置；特大安全事故和突发事件，由学校党政主要领导赶赴现场处置。

（4）企业方和学校方现场老师应当在事件得到基本应急处置之后，立即将事件发生的经过形成书面报告。

（5）安全突发事件的信息发布应当及时、准确、全面。发布信息前需经应急处置小组领导核实，接受媒体采访需经企业方和学校方双方同意后统一安排。

（6）实习生安全事故和突发事件调查处理后，企业和学校应形成书面报告，报送应急处置工作小组。报告应包括：事故事件的时间、性质、地点、人员，发生原因分析，现场处置措施或方法，事故事件责任，纠正预防措施等。

岗位实习安全突发事件处理流程如图 5.5 和图 5.6 所示。

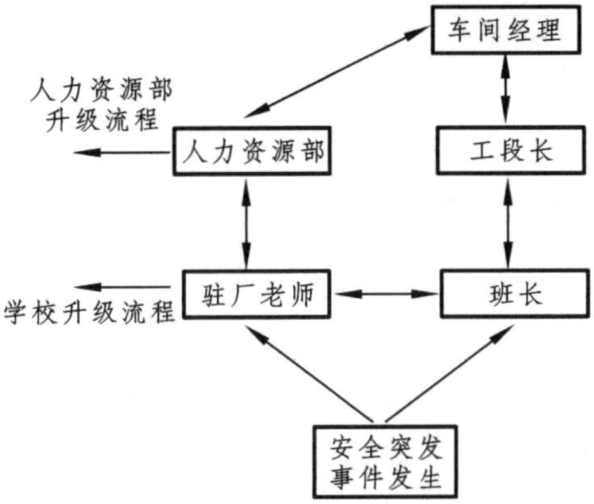

图 5.5　实习企业安全突发事件处理流程

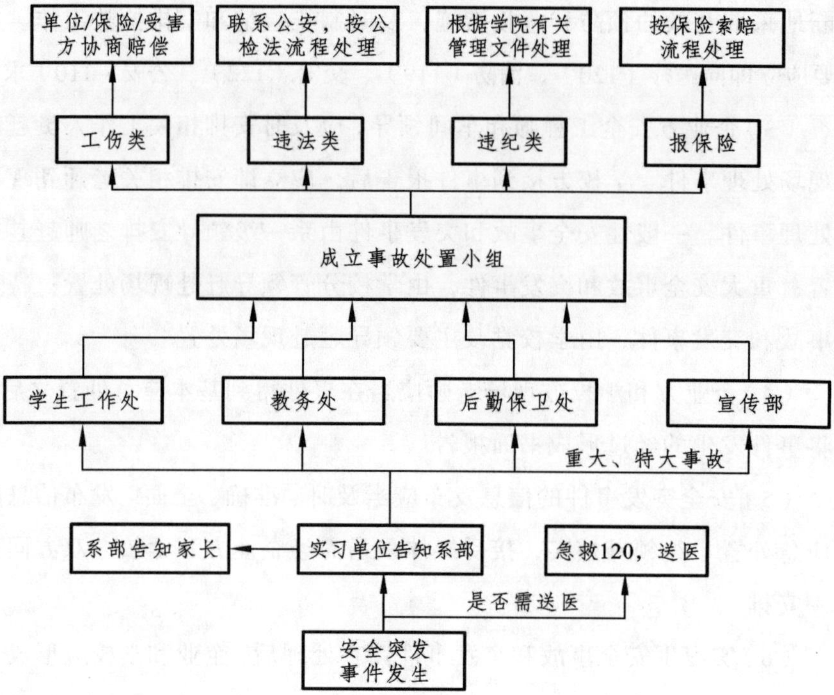

图 5.6　学校安全突发事件处理流程

七、安全突发事件案例分析

【案例 1】学生在顶岗实习期间意外伤亡

【事故经过】

实习生梁某在广州市某汽车修理厂顶岗实习。2019 年 2 月 13 日下午 6:30 左右，梁某实习单位同事下班回到宿舍，发现梁某的卧室门是开着的，洗澡间有水流声。他以为梁某在洗澡就走进自己卧室玩手机。过了一个多小时发现梁某还没洗完，就去敲浴室门，敲了一分多钟都没有反应，就踹开门，发现梁某躺在地上，触手冰凉，于是下楼叫来宿管，一起做心脏复苏急救，并拨打 120。医生过来检查后说太晚了没救了，叫他们打 110。经广州市公安局属地派出所确定，梁某于 2 月 13 日下午 4:00 左右，在广州市某汽车修理厂员工宿舍内死于一氧化碳中毒。

【原因分析】

（1）梁某洗澡时没开抽风机。

（2）广州市某汽车处理厂员工宿舍燃气热水器安装在洗澡间内。

（3）该企业员工宿舍内未发现任何管理规定和预防一氧化碳中毒的安全标识。

【防范措施】

（1）学生顶岗实习前学校和企业应对学生进行预防一氧化碳中毒安全教育。

（2）学生入住员工宿舍时首先应检查煤气热水器安装位置、使用期限，通气窗、排风扇等设施，确保排气顺畅。如发现安全隐患应及时向顶岗实习单位反馈，并向实习指导老师报告。

（3）顶岗实习前学校应对用人单位员工宿舍进行考查，对员工宿舍管理无制度、住宿设施设备存在安全隐患的企业，不得安排学生顶岗实习。

【案例 2】学生在顶岗实习中致他人伤亡

【事故经过】

张某在某汽车销售公司顶岗实习，午饭休息期间看到公司停放的工作用车没人使用，未经任何人同意，在本人没有取得机动车驾驶执照情况下，将机动车开出公司。在行驶过程中，由于操作不当，将过马路的行人撞伤。幸亏及时送医救治，行人没有生命危险。

【原因分析】

（1）学生在未经有关部门和领导同意下私自使用机动车辆。

（2）学生法律意识淡薄，无证驾驶。

（3）公司管理制度松懈，管理监督不到位。

【防范措施】

（1）学生在校期间应加强自我约束和纪律观念，养成有事必请示的习惯。

（2）顶岗实习从事汽车销售或维修类岗位，应建议学生在校期间考取机动车驾驶执照。

（3）顶岗实习前应对用人单位进行考查，对管理制度不完善、管理监督松懈的企业，不得安排学生顶岗实习。

【案例3】学生在顶岗实习期间非工作时间意外伤亡

【事故经过】

顶岗实习期间恰逢中秋节假日，实习生谭某便约同学黄某和张某晚上一起吃饭，其间还喝了啤酒。晚饭后，3人又相约去柳江河游泳。3人到达柳州市滨江西路某处，翻越围栏，下江游泳。在游泳过程中，黄某和张某突然发现江面找不见谭某身影，就立即呼救，并拨打110。岸边群众立即下水将谭某救上岸并做心肺复苏，不久120也到达现场，并进行了抢救，但仍无法让谭某恢复生命体征。

【原因分析】

（1）学生制度意识淡薄。柳江河围栏处有很多禁止下河游泳的警示牌，学生仍置之不理，翻越围栏，下河游泳。

（2）学生安全意识淡薄。酒后游泳容易造成低血糖，影响肝脏代谢，导致休克，产生肌肉痉挛，从而引发悲剧。

（3）交友不慎。明知学校三令五申不能私自下河游泳，仍起哄陪同。

【防范措施】

（1）顶岗实习前，学校应加强对学生的防溺水安全教育，学生自身也应加强防溺水知识的学习。

（2）实习企业应重视顶岗实习期间学生非工作时间的管理，对实习期间的非工作时间应制定相应管理制度，对违反制度的学生应有相应处罚，从而提升安全管理效能。

（3）在有同学提议到不明水域或江河游泳，特别是在酒后提出时，应相互提醒，及时制止。

【案例 4】学生在顶岗实习中意外伤亡

【事故经过】

学生李某顶岗实习期间被安排到装配钳工岗位实习。某天在车间用行车运送大型零件从一个工位到另一个工位时，由于担心零件不能准确停放到既定位置，就用手去扶零件。由于零件落地时不及时抽手，右手中指和食指被零件压断。好在及时送到医院治疗，该生手指的接骨手术和后面的康复都比较顺利。

【原因分析】

（1）李某未认真学习车间行车安全操作有关规程。

（2）李某安全意识淡薄，自我防护能力不强，工作时注意力不集中。

（3）实习企业的安全教育管理不到位。

【防范措施】

（1）学生顶岗实习前应认真学习岗位安全管理制度、设备操作手册。

（2）学生在工作实际中应牢固树立安全思想，提高自身安全防范意识，严格遵守岗位各项操作规程。

（3）企业应加强学生上岗前的安全教育培训，在工作中完善安全管理监督机制，加大违章考核力度，消除安全隐患，杜绝安全事故发生。

附　录

实习安全有关规定与法律法规

一、《柳州城市职业学院学生实习管理办法》

（2021 年修订版）

实习是高等职业教育专业人才培养计划中的一门重要课程，是在真实职业环境下培养学生职业素养和职业能力的重要途径，是实现专业人才培养目标的重要实践性教学环节。为进一步规范和加强学生实习管理工作，强化顶岗实习学生意识形态教育，维护学生、学校和实习单位的合法权益，提高专业技能人才培养质量，增强学生社会责任感、创新精神和实践能力，更好服务产业转型升级需要，根据教育部《职业学校学生实习管理规定》（教职成〔2016〕3 号）、自治区教育厅《广西壮族自治区职业学校学生实习管理实施细则》（桂职教成〔2020〕13 号）、市教育局《柳州市职业学校学生实习管理细则》（柳教职成〔2020〕21 号）文件要求，结合我院实际，制定本办法。

第一章　总则

第一条　本办法所指的学生实习，是指学院按照专业培养目标要求和人才培养方案安排，由学院统一安排或者经学院批准自行到企（事）业等单位（以下简称实习单位）进行专业技能培养的实践性教育教学活动，包括认识实习、跟岗实习和顶岗实习等形式。认识实习是指学生由学院组织到实习单位参观、观摩和体验，形成对实习单位和相关岗位的初步认识的活动。跟岗实习是指不具有独立操作能力、不能完全适应实习岗位要求的学生，由学院组织到实习单位的相应岗位，在专业人员指导下部分参与实际辅助工作的活动。顶岗实习是指初步具备实践岗位独立工作能力的学生，到相应实习岗位，相对独立参与实际工作的活动。学生顶岗实习根据专业人才培养方案和教学大纲的要求执行，顶岗实习时间不低于 6 个月。原则上，学生参加顶岗实习前必须按教学计划完成全部理论课程和实践课程的修读并考核合格，而且按照学院规定交清学费。学生从参加顶岗实习开始至毕业离校前均为顶岗实习阶段，顶岗实习过程中的次年 4 月 1 日开始至学生毕业离校前为顶岗实习中的就业实习阶段。就业实习以解决学生就业、签订就业协议为目标，时间约为 3 个月。对于实行现代学徒制、企业新型学徒制、订单班等培养的专业学生，其跟岗实习和顶岗实习时长可依据专业人才培养方案规定统筹调整。

第二条　学生实习是实现职业教育培养目标，增强学生综合能力的基本环节，是学生接受真正的职业训练，培养良好专业技能和职业素养的重要途径，是教育教学的核心部分。学生实习活动的开展应科学组织、依法实施，遵循学生成长规律和职业能力形成规律，保护学生合法权益；应坚持理论与实践相结合，强化校企协同育人，将职业精神养成教育贯穿学生实习全过程，促进职业技能与职业精神高度融合，服务学生全面发展，提高技术技能人才培养质量和就业创业能力；学生实习岗位应符合专业培养目标要求，原则上要求与学生所学专业对口。

第二章　实习组织机构与工作职责

第三条　实习实行院系二级管理，教学与科技管理处是学院实习工作的主管部门，各系是组织与实施实习工作的主体，管理中实行系部、实习单位、学生三方共同参与，实习单位指定人员协同管理，学生分组进行自我管理。

第四条　学院是学生实习教学组织的第一责任主体，学院院长是学生实习工作的第一责任人，分管教学工作的副院长是直接负责人。实习工作由学院学生实习工作领导小组负责。成立学院“学生实习工作领导小组”，由院长担任领导小组组长，分管教学工作、学生管理工作、就业工作、安全工作的院领导担任副组长，成员包括教学与科技管理处、学生工作处、后勤与保卫处、招生就业处、计财处负责人及各系主任、学院法律顾问等；成立学院“学生实习工作组”，由分管教学工作的副院长担任组长，教学与科技管理处负责人为副组长，成员包括教学与科技管理处、各系分管实践教学领导，就业实习阶段在原有成员基础上增加招生就业处及各系分管就业领导。

第五条　各系成立系“学生实习工作组”。系“学生实习工作组”由系主任、党总支书记担任组长，系分管实践教学的中层干部担任副组长（就业实习阶段由分管就业领导担任副组长），成员包括系分管学生工作的中层干部、各专业（群）负责人、实习专（兼）职管理教师、辅导员（班主任）等，就业实习阶段成员包括就业干事（兼）。

第六条　组织机构与相关职能部门职责。

一、实习工作领导小组职责：

（一）负责统筹学院学生实习工作，根据上级实习有关政策，审定学院实习相关管理制度和配套政策，部署实习工作的总体要求。

（二）指导各系加强与实习单位的联系，拓宽学生实习渠道，审核实习（基地）校企合作协议。

（三）负责调控学生实习工作的组织与管理，协调全院学生实习工作安排。

二、实习工作组职责：

具体负责组织学生实习实施工作，负责协调和组织实习期间的学生管理工作。

（一）讨论、审定学院实习年度（或学期）工作计划、基地建设、经费预算支出等。

（二）审核各专业实习管理材料、课程化教学材料，包括：三方协议、各专业实习教学大纲、指导手册、实施方案等。

（三）指导、协同相关职能部门、系部（分院）处理重大安全事故和突发事件。

三、教学与科技管理处职责：

（一）完善学院实习相关管理制度，建立学院实习工作质量监督管理机制和系部实习工作评价体系。

（二）起草学院实习学年（学期）工作计划，汇总全院实习基本数据信息，组织开展实习工作学年（学期）总结会。

（三）汇总各系各专业实习校内外指导教师（含兼职教师）信息，审核校内外指导教师（含兼职教师）工作量（折算课时量）。

（四）组织购买顶岗实习学生实习责任保险。

（五）管理学院顶岗实习管理平台。定期分析、总结全院学生的实习情况，每两周汇总各系部学生实习情况，及时处理实习违规的学生。

（六）协调各职能部门配合各系实习工作的开展，协同、组织各系和相关职能部门研究、处理实习学生上岗时间的实习安全事故和突发事件，向上级部门汇报处理过程及结果。

（七）组织开展全院实习工作的检查与抽查，对各系实习工作开展评估，组织经验交流，审查各系实习档案材料。

（八）汇总、审核各系各专业实习成绩并公示成绩；指导各系实习工作的档案建设。

（九）负责组织顶岗实习工作评优评先工作。

（十）学生赴国（境）外实习的，负责组织构建由学院教学与科技管理处、国际教育学院（外事办）、系部等单位及国外企业指导人员组成的团队进行管理。

四、学生工作处职责：

（一）负责督促、协调并指导各系分管学生工作的中层干部、辅导员（班主任）做好学生实习期间的生活、思想、纪律、安全意识等方面的教育工作，参与学院实习的安全检查和抽查工作。

（二）负责督促、协调各系分管学生工作系领导、辅导员（班主任）做好实习学生“非上岗”时间的管理。

（三）负责组织、协调相关部门处理实习期间学生严重违法的突发事件并向上级部门汇报处理过程及结果，负责学生实习期间一般违纪事件的处理工作。协助相关职能部门处理其他重大安全事故和突发事件。

五、后勤与保卫处职责：

（一）协助审核各系实习安全教育材料，指导并参与检查各系开展实习安全教育工作，参与学院实习的安全检查工作。

（二）在各系开展顶岗实习安全教育前，负责对所有实习管理人员和指导教师开展一次关于交通安全、一氧化碳中毒防控、用水用电安全等方面的有针对性的培训。

（三）负责组织、协调相关部门处理实习期间在实习单位以外发生的违法类突发事件，向上级部门汇报处理过程及结果。协助相关职能部门处理其他重大安全事故和突发事件。

六、招生就业处职责：

（一）协助做好学生就业实习阶段的管理。

（二）加强学院就业市场建设，搭建企业与学生双向选择平台，向各系提供企业用人信息，为各系推荐就业实习单位。

（三）组织各系做好就业实习期间的就业指导工作。

（四）做好就业实习学生岗位核查工作，负责统计学生就业实习岗位信息，把握学生就业工作动态。

（五）组织各系做好就业实习阶段的就业信息、就业材料的收集与上报工作。

七、计财处职责：

负责对各系实习管理经费、实习基地建设经费使用情况的核算和监督。

八、各系实习工作组职责：

（一）具体组织实施本系实习工作，负责本系学生的实习动员、岗前培训与安全教育工作，负责本系学生实习期间的安全和管理工作，负责组织开展本系实习的安全检查与抽查工作。

（二）健全本系实习管理制度，落实安全管理责任，明确职责，鼓励学生或学生家长本着自愿原则购买人身意外伤害保险，确保各专业实习工作稳步、有序开展。

（三）负责组织本系各专业在确定实习单位前，深入备选实习单位开展调研，进行实地考察、评估并形成书面报告报教学与科技管理处备案，落实好各专业统一实习单位。

（四）实习开始前，与实习单位共同制订实习工作计划，明确实习目标、实习任务、必要的实习准备、考核标准等，审核各专业实习教学大纲、指导手册、实施方案等教学材料。

（五）指导并审核各专业选派的校内外实习指导教师资格，填写校内外指导教师的个人信息，收集指导教师相关材料并上报教学与科技管理处备案。统计校内外指导教师指导实习学生的数量、工作任务和工作量核算及所产生的工作报酬。

（六）组织开展学生实习的申请、审核与报批工作，具体参照《柳州城市职业学院学生实习工作流程》执行。

（七）建立校内指导教师、辅导员（班主任）和校外指导教师（兼职教师）的联动机制，汇总本系实习学生的基本信息表和每周核查顶岗实习管理平台学生基本信息，汇总顶岗实习学生周情况表，及时了解实习状态，解决学生在实习过程中出现的相关问题。与学生家长联系，通报学生的实习情况等。

（八）加强实习全过程的管理和监控。结合顶岗实习管理平台掌握实习动态，对学生实习问题进行警示与干预，有针对性地采取相应的补救和防范措施。顶岗实习负责人、实习专干每周要到实习点实地检查至少一次。配合教学与科技管理处开展实习的检查与抽查，及时推进相关问题的整改工作。

（九）各系分管学生工作的中层干部及辅导员（班主任）做好实习学生“非上岗”时间的管理。关心学生“非上岗”时间的生活状态、思想动态，提高学生自我保护意识，预防交通、水电及煤气安全事故的发生。

（十）处理学生实习期间发生的安全事故和突发事件，并及时向主管部门及学院主管领导汇报。

（十一）审阅学生实习成绩评定，审核学生实习综合成绩。

（十二）组织本系各专业教师及时整理、归档实习材料。实习材料包括三方实习协议、实习计划、学生实习报告、学生实习考核结果、实习日志、实习检查记录、实习总结等。填报本系学年实习基地相关数据。

（十三）负责组织本系实习的评优评先工作。

（十四）安排学生赴国（境）外实习的，实习前应当根据需要通过国家驻外有关机构了解、合作企业交流、派人实地考察等方式全面深入了解实习单位的环境、实习岗位、实习内容等情况。要组织开展相关国家的法律、风俗、安全教育等培训。实习过程中要选派校内指导教师及实习企业指导教师全程参与，做好实习期间的管理和相关服务工作。

九、实习指导教师职责：

（一）根据实习计划、实习大纲和实习单位的具体情况，推进实习工作的开展。负责学生实习期间的业务指导和日常巡视工作。负责和企业落实岗位安全、住宿及交通安全等安全事项。

（二）准确掌握所指导学生的实习信息情况，组织实习学生填写基本信息表，实习过程中有信息变动的要实时更新。

（三）每天登录顶岗实习管理平台了解学生签到情况，及时掌握学生实习动态，及时处理实习中出现的有关问题。每周至少到不同的实习点抽查 1~2 次（市外实习点可通过电话、短信、邮件、QQ、微信、现场走访等方式），及时上报、处理实习过程中出现的问题。

（四）每周定期向系部反馈学生实习情况，填写顶岗实习学生周情况表，对不按照学院要求实习的学生预警并及时处理，做好记录、存档。

（五）做好实习学生安全生产教育，关心实习学生的思想、学习、生活、健康与安全，教育学生严格遵守实习纪律，预防各种事故发生。

（六）加强与实习单位的沟通与联系，配合实习单位指导学生实习完成任务。

（七）指导学生做好实习计划、实习周记、实习报告和实习总结等工作；组织实习考核和成绩评定工作。

（八）负责顶岗实习学生的请假审批及相关工作。

十、辅导员（班主任）职责：

（一）做好实习学生“非上岗”时间的管理，定期到实习单位所在地与学生进行沟通交流，及时向系部汇报学生实习情况。

（二）掌握实习学生信息，学生信息有变更（如单位地址、单位变更、联系方式变更等）要及时登记。做好与学生联系的记录，每周至少与学生联系两次（通过电话、短信、邮件、QQ、微信、现场走访等方式）。

（三）做好实习学生的安全教育工作，关心学生“非上岗”时间的生活安全状态、思想动态，提高学生自我保护意识，积极预防各类安全事故的发生。

（四）做好实习学生住宿环境的安全排查，对实习期间学生宿舍用电、燃气热水器、财产安全等进行检查及开展安全教育。

（五）参与本系实习的安全检查与抽查工作。

第三章　实习管理

第七条　实习常规管理要求：

（一）顶岗实习以系部统一安排（简称统一实习）为主、学生自主联系（简称自主实习）为辅，两种方式结合进行。系部应选择合法经营、管理规范、实习设备完备、符合安全生产法律法规要求的实习单位安排学生实习。对于有自主联系实习单位需求的学生，应由成年学生本人或未成年学生及其监护人书面承诺该实习单位符合本条对实习单位的要求，并签订实习协议，各系审核并报教学与科技管理处备案；认识实习、跟岗实习由各系统一安排，学生不得自行选择。

（二）各系安排未满 18 周岁的学生参加跟岗实习、顶岗实习，应取得学生监护人签字的知情同意书。

（三）实习岗位应符合专业培养目标要求，与学生所学专业对口或相近，必须安排学生与所学专业对口或相近的实习岗位实习。在确定实习单位前，各系应进行实地调研，考察评估备选实习单位的单位资质、诚信状况、管理水平、实习岗位性质和内容、工作时间、工作环境、生活环境以及健康保障、安全防护等方面并形成书面报告报教学与科技管理处。

（四）各系组织学生参加认识实习按照一般校外活动有关规定进行管理；跟岗实习、顶岗实习启动前两个星期，各系须提交实习计划、学生实习应急预案、组织学生签订学生、学院、实习单位三方实习协议，监护人知情同意书（适用于未满 18 周岁学生顶岗实习）、学生实习信息汇总表等材料报送教学与科技管理处，教学与科技管理处根据各系实习人数统一购买实习责任保险。教学与科技管理处汇总全院实习材料报学院学生实习工作领导小组审核后报送上级办学主管部门备案。学生参加跟岗实习、顶岗实习，未按规定签订实习协议的，不得安排学生实习。认识实习按照一般校外活动有关规定进行管理。

（五）学生跟岗和顶岗实习期间，实习单位应遵守国家关于工作时间和休息休假的规定，合理安排实习学生的作息。因相关专业和实习岗位有特殊要求，实习安排有下列情形：安排学生从事高空及其他具有较高安全风险的实习、安排学生在法定节假日实习、安排学生加班或夜班等，需另增加下列备案材料：学生实习特殊情况的备案报告、论证表、学生知情同意书，未满 18 周岁学生还需提交监护人签字的知情同意书。

（六）各系顶岗实习工作的开展必须依法保障实习学生的基本权利，不得有下列情形：安排一年级在校学生顶岗实习；安排未满 16 周岁的学生跟岗实习、顶岗实习；安排未成年学生从事《未成年工特殊保护规定》中禁忌从事的劳动；安排实习的女学生从事《女职工劳动保护特别规定》中禁忌从事的劳动；安排学生到酒吧、夜总会、歌厅、洗浴中心等营业性娱乐场所实习；通过中介机构或有偿代理组织、安排和管理学生实习工作；向学生收取实习押金、顶岗实习报酬提成、管理费或者其他形式的实习费用，扣押学生的居民身份证，要求学生提供担保或者以其他名义收取学生财物等。

（七）各系应与实习单位协商落实并监督实习单位是否参考本单位相同岗位的报酬标准和顶岗实习学生的工作量、工作强度、工作时间等因素，合理确定顶岗实习报酬，且原则上不低于本单位相同岗位试用期工资标准的 80%，并按照实习协议约定，以货币形式及时、足额支付给学生。

（八）各系和实习单位需建立校企“双导师”指导制度，根据实习工作需要，分别派选职业品德好、经验丰富、业务素质好、责任心强、安全防范意识高的实习指导教师。系部可聘请实习单位技术骨干、能工巧匠为兼职指导教师，全程指导、共同管理学生实习。学生参加自主顶岗实习时，原则上由实习单位安排技术骨干进行指导和管理。集中实习人数达 30 人及以上的，系部需要协商安排实习指导教师进行现场指导和管理；集中实习不足 30 人的，系部在实习协议中应明确委托由实习单位进行管理，系部须安排专业教师或管理人员定期与实习单位或学生电话沟通和巡视，建立相应的实习档案，定期跟踪了解学生实习情况。

（九）各系组织学生到外地实习，应当安排学生统一住宿；原则上要求实习单位为实习学生提供统一住宿。学生申请在统一安排的宿舍以外住宿的，须经学生监护人签字同意，并报各系备案后方可办理。实习单位收取学生住宿费的，应当在实习协议条款 中明确住宿费支付方式和标准。实习学生的住宿制度和请销假制度参照《柳州城市职业学院顶岗实习学生管理规定》。

（十）原则上，学生在实习期间不予更换实习单位。因特殊原因需更换实习单位的，必须与原实习单位履行离职（离岗）手续后办理实习异动手续。

第八条　实习课程化管理要求：

（一）学生实习实施课程化管理，要求各专业要完善包括工作计划/方案（含实施性计划表）、岗前培训、安全教育、教学大纲、指导手册、实施方案、指导工作记录等在内的各环节各项教学材料。

（二）原则上由学院统一确定学生参加顶岗实习的时间，因实习单位要求或其他客观原因，需要调整顶岗实习时间安排的，须由各系提出书面申请（说明原因和理由），报教学与科技管理处审批备案。

（三）在实习中，各系各专业要积极利用顶岗实习管理平台、通信、网络或现场指导等方式，采取灵活多样的教学模式，加强对实习学生的指导和管理，并留下档案材料。

（四）教学与科技管理处等相关职能部门和系实习工作小组要加强对实习教学的指导、协调和检查工作，并搜集相关教学信息，做好教学质量的监控工作，参照引用实习单位员工评价的机制评价实习教学质量，收集反馈信息，总结经验，形成持续改进的教学管理机制，确保学生实习质量不断提高。

（五）跟岗实习和顶岗实习的考核结果记入实习学生学业成绩，考核结果分优秀、良好、合格和不合格四个等次，考核合格以上等次的学生获得学分，并纳入学籍档案。按专业要求完成实习任务且实习综合成绩评定为合格及以上等级方能毕业；综合成绩不合格的学生不予毕业，应在当年9月30日前，向所在系提出书面申请参加重修。重修成绩合格后，由系部报教学与科技管理处备案。

（六）实习考核与成绩评定：

1. 考核办法：

实习的考核方式应多元化、过程化，可在学生自评的基础上，由校外指导教师（或实习单位相关负责人）、校内指导教师共同对学生的实习效果进行成绩评定。各专业可参考以下考核项目，结合专业特性和实习岗位情况，制定具体的考核指标和评分标准。基本的考核项目和考核指标参考如下：

考核人员	考核项目	考核指标	评分标准	分值
校外指导老师	职业素养	敬业精神		
		沟通能力		
		团队精神		
	职业技能	胜任岗位工作		
		工作质量达标		
校内指导老师	岗位任务	岗位契合度		
		工作连续性		
	实习材料	审批手续		
		实习周记		
	实习总结汇报			
	实习纪律			

2. 实习成绩评定：

各专业根据专业特点明确各方评定成绩所占实习成绩的比例（参考比例为 5∶5），计算出学生实习成绩。若学生在整个实习过程中有多个实习单位，实习成绩为单次实习成绩之和。单次实习成绩由校内指导教师负责核算，核算方式为：

实习成绩 =（实习单位评定成绩 + 系部评定成绩）×（实习时间/计划实习时间）。

实习综合成绩分四个等级：优秀（成绩≥90 分）、良好（80 分≤成绩＜90 分）、合格（60 分≤成绩＜80 分）、不合格（成绩＜60 分）。实习综合成绩由校内指导教师据实核算填写，最后系部签章确认。

3. 特别说明：

参军入伍的翌年毕业生，入伍前已完成除实习、毕业设计（论文）外的其他全部课程学习且成绩合格，实习成绩以合格等级处理。若政策有变，具体以当年的入伍政策为准。凡在某一单位实习时间不达 1 个月或未获得实习单位实习成绩鉴定者，单次实习成绩以零分计。

凡有下列情况之一者，实习综合成绩以零分计：

（1）人才培养模式为“2+1”的专业，实习阶段在任意一个企业实习连续实习时间不达6个月者；其他人才培养模式的专业，实习阶段在任意一个企业实习连续实习时间不达3个月者。

（2）实习时间累计不达半年者。

（3）未办理离职（离岗）手续擅自终止实习者。

（4）已到单位实习又未在规定时间内办理实习手续者。

（5）事、病假累计超过实习时间1/3者。

（6）实习期间严重违反实习单位规定，被实习单位辞退者。

（7）违反有关规定给学院和实习单位造成严重负面影响者。

（七）实习成绩审核上报：

各系须在每年5月30日前完成本届毕业生实习综合成绩评定，并提交教学与科技管理处审核。各专业实习综合成绩不及格名单，由各系汇总并予以公示至少5个工作日。

（八）实习成绩录入：

各专业实习综合成绩经教学与科技管理处审核通过后，由各系组织相关指导教师于每年6月20日前将成绩录入成绩管理系统。

第九条　实习教学评优工作实习结束时，由教学与科技管理处组织各系开展实习评优工作。对表现突出的实习生、指导教师、实习单位、系部等分别授予“优秀实习生”“优秀指导教师”“实习先进工作者”“先进实习基地”“实习组织先进部门”等荣誉称号，并予以表彰。

第四章 附则

第十条　各系实习工作经费预算标准参照《柳州城市职业学院实习指导教师工作量计算指导性意见（试行）》（城职院教字〔2014〕21号），经费预算时限根据学生实际参与实习的时间（含假期）确定，时间由教学与科技管理处核准，具体细则由各系自定。

第十一条 《柳州城市职业学院校外实习实训安全及突发事件应急处置预案》《柳州城市职业学院顶岗实习学生管理规定》《柳州城市职业学院顶岗实习预警管理办法》《柳州城市职业学院生实习工作流程》是本管理办法的附则，相关工作流程按照控制程序执行。

第十二条 本办法参照教育部《职业学校学生实习管理规定》（教职成〔2016〕3号）、自治区教育厅《广西壮族自治区职业学校学生实习管理实施细则》（桂职教成〔2020〕13号）、市教育局《柳州市职业学校学生实习管理细则》（柳教职成〔2020〕21号）文件制定，未尽条款按照上级相关文件执行。

第十三条 本管理办法由教学与科技管理处负责解释。

二、《中华人民共和国安全生产法》

《全国人民代表大会常务委员会关于修改〈中华人民共和国安全生产法〉的决定》已由中华人民共和国第十三届全国人民代表大会常务委员会第二十九次会议于2021年6月10日通过，现予公布，自2021年9月1日起施行。

第一章 总则

第一条 为了加强安全生产工作，防止和减少生产安全事故，保障人民群众生命和财产安全，促进经济社会持续健康发展，制定本法。

第二条 在中华人民共和国领域内从事生产经营活动的单位（以下统称生产经营单位）的安全生产，适用本法；有关法律、行政法规对消防安全和道路交通安全、铁路交通安全、水上交通安全、民用航空安全以及核与辐射安全、特种设备安全另有规定的，适用其规定。

第三条 安全生产工作坚持中国共产党的领导。

安全生产工作应当以人为本，坚持人民至上、生命至上，把保护人民生命安全摆在首位，树牢安全发展理念，坚持安全第一、预防为主、综合治理的方针，从源头上防范化解重大安全风险。

安全生产工作实行管行业必须管安全、管业务必须管安全、管生产经营必须管安全，强化和落实生产经营单位主体责任与政府监管责任，建立生产经营单位负责、职工参与、政府监管、行业自律和社会监督的机制。

第四条　生产经营单位必须遵守本法和其他有关安全生产的法律、法规，加强安全生产管理，建立健全全员安全生产责任制和安全生产规章制度，加大对安全生产资金、物资、技术、人员的投入保障力度，改善安全生产条件，加强安全生产标准化、信息化建设，构建安全风险分级管控和隐患排查治理双重预防机制，健全风险防范化解机制，提高安全生产水平，确保安全生产。

平台经济等新兴行业、领域的生产经营单位应当根据本行业、领域的特点，建立健全并落实全员安全生产责任制，加强从业人员安全生产教育和培训，履行本法和其他法律、法规规定的有关安全生产义务。

第五条　生产经营单位的主要负责人是本单位安全生产第一责任人，对本单位的安全生产工作全面负责。其他负责人对职责范围内的安全生产工作负责。

第六条　生产经营单位的从业人员有依法获得安全生产保障的权利，并应当依法履行安全生产方面的义务。

第七条　工会依法对安全生产工作进行监督。

生产经营单位的工会依法组织职工参加本单位安全生产工作的民主管理和民主监督，维护职工在安全生产方面的合法权益。生产经营单位制定或者修改有关安全生产的规章制度，应当听取工会的意见。

第八条　国务院和县级以上地方各级人民政府应当根据国民经济和社会发展规划制定安全生产规划，并组织实施。安全生产规划应当与国土空间规划等相关规划相衔接。

各级人民政府应当加强安全生产基础设施建设和安全生产监管能力建设，所需经费列入本级预算。

县级以上地方各级人民政府应当组织有关部门建立完善安全风险评估与论证机制，按照安全风险管控要求，进行产业规划和空间布局，并对位置相邻、行业相近、业态相似的生产经营单位实施重大安全风险联防联控。

第九条　国务院和县级以上地方各级人民政府应当加强对安全生产工作的领导，建立健全安全生产工作协调机制，支持、督促各有关部门依法履行安全生产监督管理职责，及时协调、解决安全生产监督管理中存在的重大问题。

乡镇人民政府和街道办事处，以及开发区、工业园区、港区、风景区等应当明确负责安全生产监督管理的有关工作机构及其职责，加强安全生产监管力量建设，按照职责对本行政区域或者管理区域内生产经营单位安全生产状况进行监督检查，协助人民政府有关部门或者按照授权依法履行安全生产监督管理职责。

第十条　国务院应急管理部门依照本法，对全国安全生产工作实施综合监督管理；县级以上地方各级人民政府应急管理部门依照本法，对本行政区域内安全生产工作实施综合监督管理。

国务院交通运输、住房和城乡建设、水利、民航等有关部门依照本法和其他有关法律、行政法规的规定，在各自的职责范围内对有关行业、领域的安全生产工作实施监督管理；县级以上地方各级人民政府有关部门依照本法和其他有关法律、法规的规定，在各自的职责范围内对有关行业、领域的安全生产工作实施监督管理。对新兴行业、领域的安全生产监督管理职责不明确的，由县级以上地方各级人民政府按照业务相近的原则确定监督管理部门。

应急管理部门和对有关行业、领域的安全生产工作实施监督管理的部门，统称负有安全生产监督管理职责的部门。负有安全生产监督管理职责的部门应当相互配合、齐抓共管、信息共享、资源共用，依法加强安全生产监督管理工作。

第十一条　国务院有关部门应当按照保障安全生产的要求，依法及时制定有关的国家标准或者行业标准,并根据科技进步和经济发展适时修订。

生产经营单位必须执行依法制定的保障安全生产的国家标准或者行业标准。

第十二条　国务院有关部门按照职责分工负责安全生产强制性国家标准的项目提出、组织起草、征求意见、技术审查。国务院应急管理部门统筹提出安全生产强制性国家标准的立项计划。国务院标准化行政主管部门负责安全生产强制性国家标准的立项、编号、对外通报和授权批准发布工作。国务院标准化行政主管部门、有关部门依据法定职责对安全生产强制性国家标准的实施进行监督检查。

第十三条　各级人民政府及其有关部门应当采取多种形式，加强对有关安全生产的法律、法规和安全生产知识的宣传，增强全社会的安全生产意识。

第十四条　有关协会组织依照法律、行政法规和章程，为生产经营单位提供安全生产方面的信息、培训等服务，发挥自律作用，促进生产经营单位加强安全生产管理。

第十五条　依法设立的为安全生产提供技术、管理服务的机构，依照法律、行政法规和执业准则，接受生产经营单位的委托为其安全生产工作提供技术、管理服务。

生产经营单位委托前款规定的机构提供安全生产技术、管理服务的，保证安全生产的责任仍由本单位负责。

第十六条　国家实行生产安全事故责任追究制度，依照本法和有关法律、法规的规定，追究生产安全事故责任单位和责任人员的法律责任。

第十七条　县级以上各级人民政府应当组织负有安全生产监督管理职责的部门依法编制安全生产权力和责任清单，公开并接受社会监督。

第十八条　国家鼓励和支持安全生产科学技术研究和安全生产先进技术的推广应用，提高安全生产水平。

第十九条　国家对在改善安全生产条件、防止生产安全事故、参加抢险救护等方面取得显著成绩的单位和个人，给予奖励。

第二章　生产经营单位的安全生产保障

第二十条　生产经营单位应当具备本法和有关法律、行政法规和国家标准或者行业标准规定的安全生产条件；不具备安全生产条件的，不得从事生产经营活动。

第二十一条　生产经营单位的主要负责人对本单位安全生产工作负有下列职责：

（一）建立健全并落实本单位全员安全生产责任制，加强安全生产标准化建设；

（二）组织制定并实施本单位安全生产规章制度和操作规程；

（三）组织制定并实施本单位安全生产教育和培训计划；

（四）保证本单位安全生产投入的有效实施；

（五）组织建立并落实安全风险分级管控和隐患排查治理双重预防工作机制，督促、检查本单位的安全生产工作，及时消除生产安全事故隐患；

（六）组织制定并实施本单位的生产安全事故应急救援预案；

（七）及时、如实报告生产安全事故。

第二十二条　生产经营单位的全员安全生产责任制应当明确各岗位的责任人员、责任范围和考核标准等内容。

生产经营单位应当建立相应的机制，加强对全员安全生产责任制落实情况的监督考核，保证全员安全生产责任制的落实。

第二十三条　生产经营单位应当具备的安全生产条件所必需的资金投入，由生产经营单位的决策机构、主要负责人或者个人经营的投资人予以保证，并对由于安全生产所必需的资金投入不足导致的后果承担责任。

有关生产经营单位应当按照规定提取和使用安全生产费用，专门用于改善安全生产条件。安全生产费用在成本中据实列支。安全生产费用提取、使用和监督管理的具体办法由国务院财政部门会同国务院应急管理部门征求国务院有关部门意见后制定。

第二十四条　矿山、金属冶炼、建筑施工、运输单位和危险物品的生产、经营、储存、装卸单位，应当设置安全生产管理机构或者配备专职安全生产管理人员。

前款规定以外的其他生产经营单位，从业人员超过一百人的，应当设置安全生产管理机构或者配备专职安全生产管理人员；从业人员在一百人以下的，应当配备专职或者兼职的安全生产管理人员。

第二十五条　生产经营单位的安全生产管理机构以及安全生产管理人员履行下列职责：

（一）组织或者参与拟订本单位安全生产规章制度、操作规程和生产安全事故应急救援预案；

（二）组织或者参与本单位安全生产教育和培训，如实记录安全生产教育和培训情况；

（三）组织开展危险源辨识和评估，督促落实本单位重大危险源的安全管理措施；

（四）组织或者参与本单位应急救援演练；

（五）检查本单位的安全生产状况，及时排查生产安全事故隐患，提出改进安全生产管理的建议；

（六）制止和纠正违章指挥、强令冒险作业、违反操作规程的行为；

（七）督促落实本单位安全生产整改措施。

生产经营单位可以设置专职安全生产分管负责人，协助本单位主要负责人履行安全生产管理职责。

第二十六条　生产经营单位的安全生产管理机构以及安全生产管理人员应当恪尽职守，依法履行职责。

生产经营单位作出涉及安全生产的经营决策，应当听取安全生产管理机构以及安全生产管理人员的意见。

生产经营单位不得因安全生产管理人员依法履行职责而降低其工资、福利等待遇或者解除与其订立的劳动合同。

危险物品的生产、储存单位以及矿山、金属冶炼单位的安全生产管理人员的任免，应当告知主管的负有安全生产监督管理职责的部门。

第二十七条 生产经营单位的主要负责人和安全生产管理人员必须具备与本单位所从事的生产经营活动相应的安全生产知识和管理能力。

危险物品的生产、经营、储存、装卸单位以及矿山、金属冶炼、建筑施工、运输单位的主要负责人和安全生产管理人员，应当由主管的负有安全生产监督管理职责的部门对其安全生产知识和管理能力考核合格。考核不得收费。

危险物品的生产、储存、装卸单位以及矿山、金属冶炼单位应当有注册安全工程师从事安全生产管理工作。鼓励其他生产经营单位聘用注册安全工程师从事安全生产管理工作。注册安全工程师按专业分类管理，具体办法由国务院人力资源和社会保障部门、国务院应急管理部门会同国务院有关部门制定。

第二十八条 生产经营单位应当对从业人员进行安全生产教育和培训，保证从业人员具备必要的安全生产知识，熟悉有关的安全生产规章制度和安全操作规程，掌握本岗位的安全操作技能，了解事故应急处理措施，知悉自身在安全生产方面的权利和义务。未经安全生产教育和培训合格的从业人员，不得上岗作业。

生产经营单位使用被派遣劳动者的，应当将被派遣劳动者纳入本单位从业人员统一管理，对被派遣劳动者进行岗位安全操作规程和安全操作技能的教育和培训。劳务派遣单位应当对被派遣劳动者进行必要的安全生产教育和培训。

生产经营单位接收中等职业学校、高等学校学生实习的，应当对实习学生进行相应的安全生产教育和培训，提供必要的劳动防护用品。学校应当协助生产经营单位对实习学生进行安全生产教育和培训。

生产经营单位应当建立安全生产教育和培训档案，如实记录安全生产教育和培训的时间、内容、参加人员以及考核结果等情况。

第二十九条　生产经营单位采用新工艺、新技术、新材料或者使用新设备，必须了解、掌握其安全技术特性，采取有效的安全防护措施，并对从业人员进行专门的安全生产教育和培训。

第三十条　生产经营单位的特种作业人员必须按照国家有关规定经专门的安全作业培训，取得相应资格，方可上岗作业。

特种作业人员的范围由国务院应急管理部门会同国务院有关部门确定。

第三十一条　生产经营单位新建、改建、扩建工程项目（以下统称建设项目）的安全设施，必须与主体工程同时设计、同时施工、同时投入生产和使用。安全设施投资应当纳入建设项目概算。

第三十二条　矿山、金属冶炼建设项目和用于生产、储存、装卸危险物品的建设项目，应当按照国家有关规定进行安全评价。

第三十三条　建设项目安全设施的设计人、设计单位应当对安全设施设计负责。

矿山、金属冶炼建设项目和用于生产、储存、装卸危险物品的建设项目的安全设施设计应当按照国家有关规定报经有关部门审查，审查部门及其负责审查的人员对审查结果负责。

第三十四条　矿山、金属冶炼建设项目和用于生产、储存、装卸危险物品的建设项目的施工单位必须按照批准的安全设施设计施工，并对安全设施的工程质量负责。

矿山、金属冶炼建设项目和用于生产、储存、装卸危险物品的建设项目竣工投入生产或者使用前，应当由建设单位负责组织对安全设施进行验收；验收合格后，方可投入生产和使用。负有安全生产监督管理职责的部门应当加强对建设单位验收活动和验收结果的监督核查。

第三十五条　生产经营单位应当在有较大危险因素的生产经营场所和有关设施、设备上，设置明显的安全警示标志。

第三十六条　安全设备的设计、制造、安装、使用、检测、维修、改造和报废，应当符合国家标准或者行业标准。

生产经营单位必须对安全设备进行经常性维护、保养，并定期检测，保证正常运转。维护、保养、检测应当作好记录，并由有关人员签字。

生产经营单位不得关闭、破坏直接关系生产安全的监控、报警、防护、救生设备、设施，或者篡改、隐瞒、销毁其相关数据、信息。

餐饮等行业的生产经营单位使用燃气的，应当安装可燃气体报警装置，并保障其正常使用。

第三十七条　生产经营单位使用的危险物品的容器、运输工具，以及涉及人身安全、危险性较大的海洋石油开采特种设备和矿山井下特种设备，必须按照国家有关规定，由专业生产单位生产，并经具有专业资质的检测、检验机构检测、检验合格，取得安全使用证或者安全标志，方可投入使用。检测、检验机构对检测、检验结果负责。

第三十八条　国家对严重危及生产安全的工艺、设备实行淘汰制度，具体目录由国务院应急管理部门会同国务院有关部门制定并公布。法律、行政法规对目录的制定另有规定的，适用其规定。

省、自治区、直辖市人民政府可以根据本地区实际情况制定并公布具体目录，对前款规定以外的危及生产安全的工艺、设备予以淘汰。

生产经营单位不得使用应当淘汰的危及生产安全的工艺、设备。

第三十九条　生产、经营、运输、储存、使用危险物品或者处置废弃危险物品的，由有关主管部门依照有关法律、法规的规定和国家标准或者行业标准审批并实施监督管理。

生产经营单位生产、经营、运输、储存、使用危险物品或者处置废弃危险物品，必须执行有关法律、法规和国家标准或者行业标准，建立专门的安全管理制度，采取可靠的安全措施，接受有关主管部门依法实施的监督管理。

第四十条　生产经营单位对重大危险源应当登记建档，进行定期检测、评估、监控，并制定应急预案，告知从业人员和相关人员在紧急情况下应当采取的应急措施。

生产经营单位应当按照国家有关规定将本单位重大危险源及有关安全措施、应急措施报有关地方人民政府应急管理部门和有关部门备案。有关地方人民政府应急管理部门和有关部门应当通过相关信息系统实现信息共享。

第四十一条　生产经营单位应当建立安全风险分级管控制度，按照安全风险分级采取相应的管控措施。

生产经营单位应当建立健全并落实生产安全事故隐患排查治理制度，采取技术、管理措施，及时发现并消除事故隐患。事故隐患排查治理情况应当如实记录，并通过职工大会或者职工代表大会、信息公示栏等方式向从业人员通报。其中，重大事故隐患排查治理情况应当及时向负有安全生产监督管理职责的部门和职工大会或者职工代表大会报告。

县级以上地方各级人民政府负有安全生产监督管理职责的部门应当将重大事故隐患纳入相关信息系统，建立健全重大事故隐患治理督办制度，督促生产经营单位消除重大事故隐患。

第四十二条　生产、经营、储存、使用危险物品的车间、商店、仓库不得与员工宿舍在同一座建筑物内，并应当与员工宿舍保持安全距离。

生产经营场所和员工宿舍应当设有符合紧急疏散要求、标志明显、保持畅通的出口、疏散通道。禁止占用、锁闭、封堵生产经营场所或者员工宿舍的出口、疏散通道。

第四十三条　生产经营单位进行爆破、吊装、动火、临时用电以及国务院应急管理部门会同国务院有关部门规定的其他危险作业，应当安排专门人员进行现场安全管理，确保操作规程的遵守和安全措施的落实。

第四十四条　生产经营单位应当教育和督促从业人员严格执行本单位的安全生产规章制度和安全操作规程；并向从业人员如实告知作业场所和工作岗位存在的危险因素、防范措施以及事故应急措施。

生产经营单位应当关注从业人员的身体、心理状况和行为习惯，加强对从业人员的心理疏导、精神慰藉，严格落实岗位安全生产责任，防范从业人员行为异常导致事故发生。

第四十五条　生产经营单位必须为从业人员提供符合国家标准或者行业标准的劳动防护用品，并监督、教育从业人员按照使用规则佩戴、使用。

第四十六条　生产经营单位的安全生产管理人员应当根据本单位的生产经营特点，对安全生产状况进行经常性检查；对检查中发现的安全问题，应当立即处理；不能处理的，应当及时报告本单位有关负责人，有关负责人应当及时处理。检查及处理情况应当如实记录在案。

生产经营单位的安全生产管理人员在检查中发现重大事故隐患，依照前款规定向本单位有关负责人报告，有关负责人不及时处理的，安全生产管理人员可以向主管的负有安全生产监督管理职责的部门报告，接到报告的部门应当依法及时处理。

第四十七条　生产经营单位应当安排用于配备劳动防护用品、进行安全生产培训的经费。

第四十八条　两个以上生产经营单位在同一作业区域内进行生产经营活动，可能危及对方生产安全的，应当签订安全生产管理协议，明确各自的安全生产管理职责和应当采取的安全措施，并指定专职安全生产管理人员进行安全检查与协调。

第四十九条　生产经营单位不得将生产经营项目、场所、设备发包或者出租给不具备安全生产条件或者相应资质的单位或者个人。

生产经营项目、场所发包或者出租给其他单位的，生产经营单位应当与承包单位、承租单位签订专门的安全生产管理协议，或者在承包合同、租赁合同中约定各自的安全生产管理职责；生产经营单位对承包单位、承租单位的安全生产工作统一协调、管理，定期进行安全检查，发现安全问题的，应当及时督促整改。

矿山、金属冶炼建设项目和用于生产、储存、装卸危险物品的建设项目的施工单位应当加强对施工项目的安全管理，不得倒卖、出租、出借、挂靠或者以其他形式非法转让施工资质，不得将其承包的全部建设工程转包给第三人或者将其承包的全部建设工程支解以后以分包的名义分别转包给第三人，不得将工程分包给不具备相应资质条件的单位。

第五十条　生产经营单位发生生产安全事故时，单位的主要负责人应当立即组织抢救，并不得在事故调查处理期间擅离职守。

第五十一条　生产经营单位必须依法参加工伤保险，为从业人员缴纳保险费。

国家鼓励生产经营单位投保安全生产责任保险；属于国家规定的高危行业、领域的生产经营单位，应当投保安全生产责任保险。具体范围和实施办法由国务院应急管理部门会同国务院财政部门、国务院保险监督管理机构和相关行业主管部门制定。

第三章　从业人员的安全生产权利义务

第五十二条　生产经营单位与从业人员订立的劳动合同，应当载明有关保障从业人员劳动安全、防止职业危害的事项，以及依法为从业人员办理工伤保险的事项。

生产经营单位不得以任何形式与从业人员订立协议，免除或者减轻其对从业人员因生产安全事故伤亡依法应承担的责任。

第五十三条　生产经营单位的从业人员有权了解其作业场所和工作岗位存在的危险因素、防范措施及事故应急措施，有权对本单位的安全生产工作提出建议。

第五十四条　从业人员有权对本单位安全生产工作中存在的问题提出批评、检举、控告；有权拒绝违章指挥和强令冒险作业。

生产经营单位不得因从业人员对本单位安全生产工作提出批评、检举、控告或者拒绝违章指挥、强令冒险作业而降低其工资、福利等待遇或者解除与其订立的劳动合同。

第五十五条　从业人员发现直接危及人身安全的紧急情况时，有权停止作业或者在采取可能的应急措施后撤离作业场所。

生产经营单位不得因从业人员在前款紧急情况下停止作业或者采取紧急撤离措施而降低其工资、福利等待遇或者解除与其订立的劳动合同。

第五十六条　生产经营单位发生生产安全事故后，应当及时采取措施救治有关人员。

因生产安全事故受到损害的从业人员，除依法享有工伤保险外，依照有关民事法律尚有获得赔偿的权利的，有权提出赔偿要求。

第五十七条　从业人员在作业过程中，应当严格落实岗位安全责任，遵守本单位的安全生产规章制度和操作规程，服从管理，正确佩戴和使用劳动防护用品。

第五十八条　从业人员应当接受安全生产教育和培训，掌握本职工作所需的安全生产知识，提高安全生产技能，增强事故预防和应急处理能力。

第五十九条　从业人员发现事故隐患或者其他不安全因素，应当立即向现场安全生产管理人员或者本单位负责人报告；接到报告的人员应当及时予以处理。

第六十条　工会有权对建设项目的安全设施与主体工程同时设计、同时施工、同时投入生产和使用进行监督，提出意见。

工会对生产经营单位违反安全生产法律、法规，侵犯从业人员合法权益的行为，有权要求纠正；发现生产经营单位违章指挥、强令冒险作业或者发现事故隐患时，有权提出解决的建议，生产经营单位应当及时研究答复；发现危及从业人员生命安全的情况时，有权向生产经营单位建议组织从业人员撤离危险场所，生产经营单位必须立即作出处理。

工会有权依法参加事故调查，向有关部门提出处理意见，并要求追究有关人员的责任。

第六十一条　生产经营单位使用被派遣劳动者的，被派遣劳动者享有本法规定的从业人员的权利，并应当履行本法规定的从业人员的义务。

第四章　安全生产的监督管理

第六十二条　县级以上地方各级人民政府应当根据本行政区域内的安

全生产状况，组织有关部门按照职责分工，对本行政区域内容易发生重大生产安全事故的生产经营单位进行严格检查。

应急管理部门应当按照分类分级监督管理的要求，制定安全生产年度监督检查计划，并按照年度监督检查计划进行监督检查，发现事故隐患，应当及时处理。

第六十三条　负有安全生产监督管理职责的部门依照有关法律、法规的规定，对涉及安全生产的事项需要审查批准（包括批准、核准、许可、注册、认证、颁发证照等，下同）或者验收的，必须严格依照有关法律、法规和国家标准或者行业标准规定的安全生产条件和程序进行审查；不符合有关法律、法规和国家标准或者行业标准规定的安全生产条件的，不得批准或者验收通过。对未依法取得批准或者验收合格的单位擅自从事有关活动的，负责行政审批的部门发现或者接到举报后应当立即予以取缔，并依法予以处理。对已经依法取得批准的单位，负责行政审批的部门发现其不再具备安全生产条件的，应当撤销原批准。

第六十四条　负有安全生产监督管理职责的部门对涉及安全生产的事项进行审查、验收，不得收取费用；不得要求接受审查、验收的单位购买其指定品牌或者指定生产、销售单位的安全设备、器材或者其他产品。

第六十五条　应急管理部门和其他负有安全生产监督管理职责的部门依法开展安全生产行政执法工作，对生产经营单位执行有关安全生产的法律、法规和国家标准或者行业标准的情况进行监督检查，行使以下职权：

（一）进入生产经营单位进行检查，调阅有关资料，向有关单位和人员了解情况。

（二）对检查中发现的安全生产违法行为，当场予以纠正或者要求限期改正；对依法应当给予行政处罚的行为，依照本法和其他有关法律、行政法规的规定作出行政处罚决定。

（三）对检查中发现的事故隐患，应当责令立即排除；重大事故隐患排除前或者排除过程中无法保证安全的，应当责令从危险区域内撤出作业人员，责令暂时停产停业或者停止使用相关设施、设备；重大事故隐患排除后，经审查同意，方可恢复生产经营和使用。

（四）对有根据认为不符合保障安全生产的国家标准或者行业标准的设施、设备、器材以及违法生产、储存、使用、经营、运输的危险物品予以查封或者扣押，对违法生产、储存、使用、经营危险物品的作业场所予以查封，并依法作出处理决定。

监督检查不得影响被检查单位的正常生产经营活动。

第六十六条　生产经营单位对负有安全生产监督管理职责的部门的监督检查人员（以下统称安全生产监督检查人员）依法履行监督检查职责，应当予以配合，不得拒绝、阻挠。

第六十七条　安全生产监督检查人员应当忠于职守，坚持原则，秉公执法。

安全生产监督检查人员执行监督检查任务时，必须出示有效的行政执法证件；对涉及被检查单位的技术秘密和业务秘密，应当为其保密。

第六十八条　安全生产监督检查人员应当将检查的时间、地点、内容、发现的问题及其处理情况，作出书面记录，并由检查人员和被检查单位的负责人签字；被检查单位的负责人拒绝签字的，检查人员应当将情况记录在案，并向负有安全生产监督管理职责的部门报告。

第六十九条　负有安全生产监督管理职责的部门在监督检查中，应当互相配合，实行联合检查；确需分别进行检查的，应当互通情况，发现存在的安全问题应当由其他有关部门进行处理的，应当及时移送其他有关部门并形成记录备查，接受移送的部门应当及时进行处理。

第七十条　负有安全生产监督管理职责的部门依法对存在重大事故隐患的生产经营单位作出停产停业、停止施工、停止使用相关设施或者设备的决定，生产经营单位应当依法执行，及时消除事故隐患。生产经营单位拒不执行，有发生生产安全事故的现实危险的，在保证安全的前提下，经本部门主要负责人批准，负有安全生产监督管理职责的部门可以采取通知有关单位停止供电、停止供应民用爆炸物品等措施，强制生产经营单位履行决定。通知应当采用书面形式，有关单位应当予以配合。

负有安全生产监督管理职责的部门依照前款规定采取停止供电措施，除有危及生产安全的紧急情形外,应当提前二十四小时通知生产经营单位。生产经营单位依法履行行政决定、采取相应措施消除事故隐患的，负有安全生产监督管理职责的部门应当及时解除前款规定的措施。

第七十一条　监察机关依照监察法的规定，对负有安全生产监督管理职责的部门及其工作人员履行安全生产监督管理职责实施监察。

第七十二条　承担安全评价、认证、检测、检验职责的机构应当具备国家规定的资质条件，并对其作出的安全评价、认证、检测、检验结果的合法性、真实性负责。资质条件由国务院应急管理部门会同国务院有关部门制定。

承担安全评价、认证、检测、检验职责的机构应当建立并实施服务公开和报告公开制度，不得租借资质、挂靠、出具虚假报告。

第七十三条　负有安全生产监督管理职责的部门应当建立举报制度，公开举报电话、信箱或者电子邮件地址等网络举报平台，受理有关安全生产的举报；受理的举报事项经调查核实后，应当形成书面材料；需要落实整改措施的，报经有关负责人签字并督促落实。对不属于本部门职责，需要由其他有关部门进行调查处理的，转交其他有关部门处理。

涉及人员死亡的举报事项，应当由县级以上人民政府组织核查处理。

第七十四条　任何单位或者个人对事故隐患或者安全生产违法行为，均有权向负有安全生产监督管理职责的部门报告或者举报。

因安全生产违法行为造成重大事故隐患或者导致重大事故，致使国家利益或者社会公共利益受到侵害的，人民检察院可以根据民事诉讼法、行政诉讼法的相关规定提起公益诉讼。

第七十五条　居民委员会、村民委员会发现其所在区域内的生产经营单位存在事故隐患或者安全生产违法行为时，应当向当地人民政府或者有关部门报告。

第七十六条　县级以上各级人民政府及其有关部门对报告重大事故隐患或者举报安全生产违法行为的有功人员，给予奖励。具体奖励办法由国务院应急管理部门会同国务院财政部门制定。

第七十七条　新闻、出版、广播、电影、电视等单位有进行安全生产公益宣传教育的义务，有对违反安全生产法律、法规的行为进行舆论监督的权利。

第七十八条　负有安全生产监督管理职责的部门应当建立安全生产违法行为信息库，如实记录生产经营单位及其有关从业人员的安全生产违法行为信息；对违法行为情节严重的生产经营单位及其有关从业人员，应当及时向社会公告，并通报行业主管部门、投资主管部门、自然资源主管部门、生态环境主管部门、证券监督管理机构以及有关金融机构。有关部门和机构应当对存在失信行为的生产经营单位及其有关从业人员采取加大执法检查频次、暂停项目审批、上调有关保险费率、行业或者职业禁入等联合惩戒措施，并向社会公示。

负有安全生产监督管理职责的部门应当加强对生产经营单位行政处罚信息的及时归集、共享、应用和公开，对生产经营单位作出处罚决定后七个工作日内在监督管理部门公示系统予以公开曝光，强化对违法失信生产经营单位及其有关从业人员的社会监督，提高全社会安全生产诚信水平。

第五章　生产安全事故的应急救援与调查处理

第七十九条　国家加强生产安全事故应急能力建设，在重点行业、领域建立应急救援基地和应急救援队伍，并由国家安全生产应急救援机构统一协调指挥；鼓励生产经营单位和其他社会力量建立应急救援队伍，配备相应的应急救援装备和物资，提高应急救援的专业化水平。

国务院应急管理部门牵头建立全国统一的生产安全事故应急救援信息系统，国务院交通运输、住房和城乡建设、水利、民航等有关部门和县级以上地方人民政府建立健全相关行业、领域、地区的生产安全事故应急救援信息系统，实现互联互通、信息共享，通过推行网上安全信息采集、安全监管和监测预警，提升监管的精准化、智能化水平。

第八十条　县级以上地方各级人民政府应当组织有关部门制定本行政区域内生产安全事故应急救援预案，建立应急救援体系。

乡镇人民政府和街道办事处，以及开发区、工业园区、港区、风景区等应当制定相应的生产安全事故应急救援预案，协助人民政府有关部门或者按照授权依法履行生产安全事故应急救援工作职责。

第八十一条　生产经营单位应当制定本单位生产安全事故应急救援预案，与所在地县级以上地方人民政府组织制定的生产安全事故应急救援预案相衔接，并定期组织演练。

第八十二条　危险物品的生产、经营、储存单位以及矿山、金属冶炼、城市轨道交通运营、建筑施工单位应当建立应急救援组织；生产经营规模较小的，可以不建立应急救援组织，但应当指定兼职的应急救援人员。

危险物品的生产、经营、储存、运输单位以及矿山、金属冶炼、城市轨道交通运营、建筑施工单位应当配备必要的应急救援器材、设备和物资，并进行经常性维护、保养，保证正常运转。

第八十三条　生产经营单位发生生产安全事故后，事故现场有关人员应当立即报告本单位负责人。

单位负责人接到事故报告后，应当迅速采取有效措施，组织抢救，防止事故扩大，减少人员伤亡和财产损失，并按照国家有关规定立即如实报告当地负有安全生产监督管理职责的部门，不得隐瞒不报、谎报或者迟报，不得故意破坏事故现场、毁灭有关证据。

第八十四条　负有安全生产监督管理职责的部门接到事故报告后，应当立即按照国家有关规定上报事故情况。负有安全生产监督管理职责的部门和有关地方人民政府对事故情况不得隐瞒不报、谎报或者迟报。

第八十五条　有关地方人民政府和负有安全生产监督管理职责的部门的负责人接到生产安全事故报告后，应当按照生产安全事故应急救援预案的要求立即赶到事故现场，组织事故抢救。

参与事故抢救的部门和单位应当服从统一指挥，加强协同联动，采取有效的应急救援措施，并根据事故救援的需要采取警戒、疏散等措施，防止事故扩大和次生灾害的发生，减少人员伤亡和财产损失。

事故抢救过程中应当采取必要措施，避免或者减少对环境造成的危害。

任何单位和个人都应当支持、配合事故抢救，并提供一切便利条件。

第八十六条 事故调查处理应当按照科学严谨、依法依规、实事求是、注重实效的原则，及时、准确地查清事故原因，查明事故性质和责任，评估应急处置工作，总结事故教训，提出整改措施，并对事故责任单位和人员提出处理建议。事故调查报告应当依法及时向社会公布。事故调查和处理的具体办法由国务院制定。

事故发生单位应当及时全面落实整改措施，负有安全生产监督管理职责的部门应当加强监督检查。

负责事故调查处理的国务院有关部门和地方人民政府应当在批复事故调查报告后一年内，组织有关部门对事故整改和防范措施落实情况进行评估，并及时向社会公开评估结果；对不履行职责导致事故整改和防范措施没有落实的有关单位和人员，应当按照有关规定追究责任。

第八十七条 生产经营单位发生生产安全事故，经调查确定为责任事故的，除了应当查明事故单位的责任并依法予以追究外，还应当查明对安全生产的有关事项负有审查批准和监督职责的行政部门的责任，对有失职、渎职行为的，依照本法第九十条的规定追究法律责任。

第八十八条 任何单位和个人不得阻挠和干涉对事故的依法调查处理。

第八十九条 县级以上地方各级人民政府应急管理部门应当定期统计分析本行政区域内发生生产安全事故的情况，并定期向社会公布。

第六章 法律责任

第九十条 负有安全生产监督管理职责的部门的工作人员，有下列行为之一的，给予降级或者撤职的处分；构成犯罪的，依照刑法有关规定追究刑事责任：

（一）对不符合法定安全生产条件的涉及安全生产的事项予以批准或者验收通过的；

（二）发现未依法取得批准、验收的单位擅自从事有关活动或者接到举报后不予取缔或者不依法予以处理的；

（三）对已经依法取得批准的单位不履行监督管理职责，发现其不再具备安全生产条件而不撤销原批准或者发现安全生产违法行为不予查处的；

（四）在监督检查中发现重大事故隐患，不依法及时处理的。

负有安全生产监督管理职责的部门的工作人员有前款规定以外的滥用职权、玩忽职守、徇私舞弊行为的，依法给予处分；构成犯罪的，依照刑法有关规定追究刑事责任。

第九十一条　负有安全生产监督管理职责的部门，要求被审查、验收的单位购买其指定的安全设备、器材或者其他产品的，在对安全生产事项的审查、验收中收取费用的，由其上级机关或者监察机关责令改正，责令退还收取的费用；情节严重的，对直接负责的主管人员和其他直接责任人员依法给予处分。

第九十二条　承担安全评价、认证、检测、检验职责的机构出具失实报告的，责令停业整顿，并处三万元以上十万元以下的罚款；给他人造成损害的，依法承担赔偿责任。

承担安全评价、认证、检测、检验职责的机构租借资质、挂靠、出具虚假报告的，没收违法所得；违法所得在十万元以上的，并处违法所得二倍以上五倍以下的罚款，没有违法所得或者违法所得不足十万元的，单处或者并处十万元以上二十万元以下的罚款；对其直接负责的主管人员和其他直接责任人员处五万元以上十万元以下的罚款；给他人造成损害的，与生产经营单位承担连带赔偿责任；构成犯罪的，依照刑法有关规定追究刑事责任。

对有前款违法行为的机构及其直接责任人员，吊销其相应资质和资格，五年内不得从事安全评价、认证、检测、检验等工作；情节严重的，实行终身行业和职业禁入。

第九十三条　生产经营单位的决策机构、主要负责人或者个人经营的投资人不依照本法规定保证安全生产所必需的资金投入，致使生产经营单位不具备安全生产条件的，责令限期改正，提供必需的资金；逾期未改正的，责令生产经营单位停产停业整顿。

有前款违法行为，导致发生生产安全事故的，对生产经营单位的主要负责人给予撤职处分，对个人经营的投资人处二万元以上二十万元以下的罚款；构成犯罪的，依照刑法有关规定追究刑事责任。

第九十四条　生产经营单位的主要负责人未履行本法规定的安全生产管理职责的，责令限期改正，处二万元以上五万元以下的罚款；逾期未改正的，处五万元以上十万元以下的罚款，责令生产经营单位停产停业整顿。

生产经营单位的主要负责人有前款违法行为，导致发生生产安全事故的，给予撤职处分；构成犯罪的，依照刑法有关规定追究刑事责任。

生产经营单位的主要负责人依照前款规定受刑事处罚或者撤职处分的，自刑罚执行完毕或者受处分之日起，五年内不得担任任何生产经营单位的主要负责人；对重大、特别重大生产安全事故负有责任的，终身不得担任本行业生产经营单位的主要负责人。

第九十五条　生产经营单位的主要负责人未履行本法规定的安全生产管理职责，导致发生生产安全事故的，由应急管理部门依照下列规定处以罚款：

（一）发生一般事故的，处上一年年收入百分之四十的罚款；

（二）发生较大事故的，处上一年年收入百分之六十的罚款；

（三）发生重大事故的，处上一年年收入百分之八十的罚款；

（四）发生特别重大事故的，处上一年年收入百分之一百的罚款。

第九十六条　生产经营单位的其他负责人和安全生产管理人员未履行本法规定的安全生产管理职责的，责令限期改正，处一万元以上三万元以下的罚款；导致发生生产安全事故的，暂停或者吊销其与安全生产有关的资格，并处上一年年收入百分之二十以上百分之五十以下的罚款；构成犯罪的，依照刑法有关规定追究刑事责任。

第九十七条　生产经营单位有下列行为之一的，责令限期改正，处十万元以下的罚款；逾期未改正的，责令停产停业整顿，并处十万元以上二十万元以下的罚款，对其直接负责的主管人员和其他直接责任人员处二万元以上五万元以下的罚款：

（一）未按照规定设置安全生产管理机构或者配备安全生产管理人员、注册安全工程师的；

（二）危险物品的生产、经营、储存、装卸单位以及矿山、金属冶炼、建筑施工、运输单位的主要负责人和安全生产管理人员未按照规定经考核合格的；

（三）未按照规定对从业人员、被派遣劳动者、实习学生进行安全生产教育和培训，或者未按照规定如实告知有关的安全生产事项的；

（四）未如实记录安全生产教育和培训情况的；

（五）未将事故隐患排查治理情况如实记录或者未向从业人员通报的；

（六）未按照规定制定生产安全事故应急救援预案或者未定期组织演练的；

（七）特种作业人员未按照规定经专门的安全作业培训并取得相应资格，上岗作业的。

第九十八条　生产经营单位有下列行为之一的，责令停止建设或者停产停业整顿，限期改正，并处十万元以上五十万元以下的罚款，对其直接负责的主管人员和其他直接责任人员处二万元以上五万元以下的罚款；逾期未改正的，处五十万元以上一百万元以下的罚款，对其直接负责的主管人员和其他直接责任人员处五万元以上十万元以下的罚款；构成犯罪的，依照刑法有关规定追究刑事责任：

（一）未按照规定对矿山、金属冶炼建设项目或者用于生产、储存、装卸危险物品的建设项目进行安全评价的；

（二）矿山、金属冶炼建设项目或者用于生产、储存、装卸危险物品的建设项目没有安全设施设计或者安全设施设计未按照规定报经有关部门审查同意的；

（三）矿山、金属冶炼建设项目或者用于生产、储存、装卸危险物品的建设项目的施工单位未按照批准的安全设施设计施工的；

（四）矿山、金属冶炼建设项目或者用于生产、储存、装卸危险物品的建设项目竣工投入生产或者使用前，安全设施未经验收合格的。

第九十九条　生产经营单位有下列行为之一的，责令限期改正，处五万元以下的罚款；逾期未改正的，处五万元以上二十万元以下的罚款，对其直接负责的主管人员和其他直接责任人员处一万元以上二万元以下的罚款；情节严重的，责令停产停业整顿；构成犯罪的，依照刑法有关规定追究刑事责任：

（一）未在有较大危险因素的生产经营场所和有关设施、设备上设置明显的安全警示标志的；

（二）安全设备的安装、使用、检测、改造和报废不符合国家标准或者行业标准的；

（三）未对安全设备进行经常性维护、保养和定期检测的；

（四）关闭、破坏直接关系生产安全的监控、报警、防护、救生设备、设施，或者篡改、隐瞒、销毁其相关数据、信息的；

（五）未为从业人员提供符合国家标准或者行业标准的劳动防护用品的；

（六）危险物品的容器、运输工具，以及涉及人身安全、危险性较大的海洋石油开采特种设备和矿山井下特种设备未经具有专业资质的机构检测、检验合格，取得安全使用证或者安全标志，投入使用的；

（七）使用应当淘汰的危及生产安全的工艺、设备的；

（八）餐饮等行业的生产经营单位使用燃气未安装可燃气体报警装置的。

第一百条　未经依法批准，擅自生产、经营、运输、储存、使用危险物品或者处置废弃危险物品的，依照有关危险物品安全管理的法律、行政法规的规定予以处罚；构成犯罪的，依照刑法有关规定追究刑事责任。

第一百零一条　生产经营单位有下列行为之一的，责令限期改正，处十万元以下的罚款；逾期未改正的，责令停产停业整顿，并处十万元以上二十万元以下的罚款，对其直接负责的主管人员和其他直接责任人员处二万元以上五万元以下的罚款；构成犯罪的，依照刑法有关规定追究刑事责任：

（一）生产、经营、运输、储存、使用危险物品或者处置废弃危险物品，未建立专门安全管理制度、未采取可靠的安全措施的；

（二）对重大危险源未登记建档，未进行定期检测、评估、监控，未制定应急预案，或者未告知应急措施的；

（三）进行爆破、吊装、动火、临时用电以及国务院应急管理部门会同国务院有关部门规定的其他危险作业，未安排专门人员进行现场安全管理的；

（四）未建立安全风险分级管控制度或者未按照安全风险分级采取相应管控措施的；

（五）未建立事故隐患排查治理制度，或者重大事故隐患排查治理情况未按照规定报告的。

第一百零二条　生产经营单位未采取措施消除事故隐患的，责令立即消除或者限期消除，处五万元以下的罚款；生产经营单位拒不执行的，责令停产停业整顿，对其直接负责的主管人员和其他直接责任人员处五万元以上十万元以下的罚款；构成犯罪的，依照刑法有关规定追究刑事责任。

第一百零三条　生产经营单位将生产经营项目、场所、设备发包或者出租给不具备安全生产条件或者相应资质的单位或者个人的，责令限期改正，没收违法所得；违法所得十万元以上的，并处违法所得二倍以上五倍以下的罚款；没有违法所得或者违法所得不足十万元的，单处或者并处十万元以上二十万元以下的罚款；对其直接负责的主管人员和其他直接责任人员处一万元以上二万元以下的罚款；导致发生生产安全事故给他人造成损害的，与承包方、承租方承担连带赔偿责任。

生产经营单位未与承包单位、承租单位签订专门的安全生产管理协议或者未在承包合同、租赁合同中明确各自的安全生产管理职责，或者未对承包单位、承租单位的安全生产统一协调、管理的，责令限期改正，处五万元以下的罚款，对其直接负责的主管人员和其他直接责任人员处一万元以下的罚款；逾期未改正的，责令停产停业整顿。

矿山、金属冶炼建设项目和用于生产、储存、装卸危险物品的建设项目的施工单位未按照规定对施工项目进行安全管理的，责令限期改正，处十万元以下的罚款，对其直接负责的主管人员和其他直接责任人员处二万元以下的罚款；逾期未改正的，责令停产停业整顿。以上施工单位倒卖、出租、出借、挂靠或者以其他形式非法转让施工资质的，责令停产停业整顿，吊销资质证书，没收违法所得；违法所得十万元以上的，并处违法所得二倍以上五倍以下的罚款，没有违法所得或者违法所得不足十万元的，单处或者并处十万元以上二十万元以下的罚款；对其直接负责的主管人员和其他直接责任人员处五万元以上十万元以下的罚款；构成犯罪的，依照刑法有关规定追究刑事责任。

第一百零四条　两个以上生产经营单位在同一作业区域内进行可能危及对方安全生产的生产经营活动，未签订安全生产管理协议或者未指定专职安全生产管理人员进行安全检查与协调的，责令限期改正，处五万元以下的罚款，对其直接负责的主管人员和其他直接责任人员处一万元以下的罚款；逾期未改正的，责令停产停业。

第一百零五条　生产经营单位有下列行为之一的，责令限期改正，处五万元以下的罚款，对其直接负责的主管人员和其他直接责任人员处一万元以下的罚款；逾期未改正的，责令停产停业整顿；构成犯罪的，依照刑法有关规定追究刑事责任：

（一）生产、经营、储存、使用危险物品的车间、商店、仓库与员工宿舍在同一座建筑内，或者与员工宿舍的距离不符合安全要求的；

（二）生产经营场所和员工宿舍未设有符合紧急疏散需要、标志明显、保持畅通的出口、疏散通道，或者占用、锁闭、封堵生产经营场所或者员工宿舍出口、疏散通道的。

第一百零六条　生产经营单位与从业人员订立协议，免除或者减轻其对从业人员因生产安全事故伤亡依法应承担的责任的，该协议无效；对生产经营单位的主要负责人、个人经营的投资人处二万元以上十万元以下的罚款。

第一百零七条　生产经营单位的从业人员不落实岗位安全责任，不服从管理，违反安全生产规章制度或者操作规程的，由生产经营单位给予批评教育，依照有关规章制度给予处分；构成犯罪的，依照刑法有关规定追究刑事责任。

第一百零八条　违反本法规定，生产经营单位拒绝、阻碍负有安全生产监督管理职责的部门依法实施监督检查的，责令改正；拒不改正的，处二万元以上二十万元以下的罚款；对其直接负责的主管人员和其他直接责任人员处一万元以上二万元以下的罚款；构成犯罪的，依照刑法有关规定追究刑事责任。

第一百零九条　高危行业、领域的生产经营单位未按照国家规定投保安全生产责任保险的，责令限期改正，处五万元以上十万元以下的罚款；逾期未改正的，处十万元以上二十万元以下的罚款。

第一百一十条　生产经营单位的主要负责人在本单位发生生产安全事故时，不立即组织抢救或者在事故调查处理期间擅离职守或者逃匿的，给予降级、撤职的处分，并由应急管理部门处上一年年收入百分之六十至百分之一百的罚款；对逃匿的处十五日以下拘留；构成犯罪的，依照刑法有关规定追究刑事责任。

生产经营单位的主要负责人对生产安全事故隐瞒不报、谎报或者迟报的，依照前款规定处罚。

第一百一十一条　有关地方人民政府、负有安全生产监督管理职责的部门，对生产安全事故隐瞒不报、谎报或者迟报的，对直接负责的主管人员和其他直接责任人员依法给予处分；构成犯罪的，依照刑法有关规定追究刑事责任。

第一百一十二条　生产经营单位违反本法规定，被责令改正且受到罚款处罚，拒不改正的，负有安全生产监督管理职责的部门可以自作出责令改正之日的次日起，按照原处罚数额按日连续处罚。

第一百一十三条　生产经营单位存在下列情形之一的，负有安全生产监督管理职责的部门应当提请地方人民政府予以关闭，有关部门应当依法吊销其有关证照。生产经营单位主要负责人五年内不得担任任何生产经营单位的主要负责人；情节严重的，终身不得担任本行业生产经营单位的主要负责人：

（一）存在重大事故隐患，一百八十日内三次或者一年内四次受到本法规定的行政处罚的；

（二）经停产停业整顿，仍不具备法律、行政法规和国家标准或者行业标准规定的安全生产条件的；

（三）不具备法律、行政法规和国家标准或者行业标准规定的安全生产条件，导致发生重大、特别重大生产安全事故的；

（四）拒不执行负有安全生产监督管理职责的部门作出的停产停业整顿决定的。

第一百一十四条　发生生产安全事故，对负有责任的生产经营单位除要求其依法承担相应的赔偿等责任外，由应急管理部门依照下列规定处以罚款：

（一）发生一般事故的，处三十万元以上一百万元以下的罚款；

（二）发生较大事故的，处一百万元以上二百万元以下的罚款；

（三）发生重大事故的，处二百万元以上一千万元以下的罚款；

（四）发生特别重大事故的，处一千万元以上二千万元以下的罚款。

发生生产安全事故，情节特别严重、影响特别恶劣的，应急管理部门可以按照前款罚款数额的二倍以上五倍以下对负有责任的生产经营单位处以罚款。

第一百一十五条　本法规定的行政处罚，由应急管理部门和其他负有安全生产监督管理职责的部门按照职责分工决定；其中，根据本法第九十五条、第一百一十条、第一百一十四条的规定应当给予民航、铁路、电力行业的生产经营单位及其主要负责人行政处罚的，也可以由主管的负有安全生产监督管理职责的部门进行处罚。予以关闭的行政处罚，由负有安全生产监督管理职责的部门报请县级以上人民政府按照国务院规定的权限决定；给予拘留的行政处罚，由公安机关依照治安管理处罚的规定决定。

第一百一十六条　生产经营单位发生生产安全事故造成人员伤亡、他人财产损失的，应当依法承担赔偿责任；拒不承担或者其负责人逃匿的，由人民法院依法强制执行。

生产安全事故的责任人未依法承担赔偿责任，经人民法院依法采取执行措施后，仍不能对受害人给予足额赔偿的，应当继续履行赔偿义务；受害人发现责任人有其他财产的，可以随时请求人民法院执行。

第七章　附则

第一百一十七条　本法下列用语的含义：

危险物品，是指易燃易爆物品、危险化学品、放射性物品等能够危及人身安全和财产安全的物品。

重大危险源，是指长期地或者临时地生产、搬运、使用或者储存危险物品，且危险物品的数量等于或者超过临界量的单元（包括场所和设施）。

第一百一十八条　本法规定的生产安全一般事故、较大事故、重大事故、特别重大事故的划分标准由国务院规定。

国务院应急管理部门和其他负有安全生产监督管理职责的部门应当根据各自的职责分工，制定相关行业、领域重大危险源的辨识标准和重大事故隐患的判定标准。

第一百一十九条　本法自2021年9月1日起施行。

三、《职业学校学生实习管理规定》

第一章　总则

第一条　为规范和加强职业学校学生实习工作，维护学生、学校和实习单位合法权益，提高技术技能人才培养质量，推进现代职业教育高质量发展，更好地服务产业转型升级，依据《中华人民共和国教育法》《中华人民共和国职业教育法》《中华人民共和国劳动法》《中华人民共和国安全生产法》《中华人民共和国未成年人保护法》《中华人民共和国职业病防治法》及相关法律法规、规章，制定本规定。

第二条　本规定所指职业学校学生实习，是指实施全日制学历教育的中职学校、高职专科学校、高职本科学校（以下简称职业学校）学生按照专业培养目标要求和人才培养方案安排，由职业学校安排或者经职业学校批准自行到企（事）业等单位进行职业道德和技术技能培养的实践性教育教学活动，包括认识实习和岗位实习。

认识实习指学生由职业学校组织到实习单位参观、观摩和体验，形成对实习单位和相关岗位的初步认识的活动。

岗位实习指具备一定实践岗位工作能力的学生，在专业人员指导下，辅助或相对独立参与实际工作的活动。

对于建在校内或园区的生产性实训基地、厂中校、校中厂、虚拟仿真实训基地等，依照法律规定成立或登记取得法人、非法人组织资格的，可作为学生实习单位，按本规定进行管理。

第三条　学生实习的本质是教学活动，是实践教学的重要环节。组织开展学生实习应当坚持立德树人、德技并修，遵循学生成长规律和职业能力形成规律，理论与实践相结合，提升学生技能水平，锤炼学生意志品质，服务学生全面发展；应当纳入人才培养方案，科学组织，依法依规实施，切实保护学生合法权益，促进学生高质量就业创业。

第四条　地方各级人民政府相关部门应高度重视职业学校学生实习工作，切实履行责任，结合本地实际制订具体措施，鼓励企（事）业单位安排实习岗位、接纳职业学校学生实习。地方政府和行业相关部门应当鼓励和引导企（事）业单位等按岗位总量的一定比例，设立实习岗位并对外发布岗位信息。

第二章　实习组织

第五条　教育主管部门负责统筹指导职业学校学生实习工作；职业学校主管部门负责职业学校实习的监督管理。职业学校应将学生岗位实习情况按要求报主管部门备案。

第六条　职业学校应当选择符合以下条件的企（事）业单位作为实习单位：

（一）合法经营，无违法失信记录；

（二）管理规范，近 3 年无违反安全生产相关法律法规记录；

（三）实习条件完备，符合专业培养要求，符合产业发展实际；

（四）与学校有稳定合作关系的企（事）业单位优先。

第七条　职业学校在确定新增实习单位前，应当实地考察评估形成书面报告。考察内容应当包括：单位资质、诚信状况、管理水平、实习岗位性质和内容、工作时间、工作环境、生活环境以及健康保障、安全防护等。实习单位名单须经校级党组织会议研究确定后对外公开。

第八条　职业学校应当加强对实习学生的指导，会同实习单位共同组织实施学生实习，在实习开始前，根据人才培养方案共同制订实习方案，明确岗位要求、实习目标、实习任务、实习标准、必要的实习准备和考核要求、实施实习的保障措施等。

职业学校和实习单位应当分别选派经验丰富、综合素质好、责任心强、安全防范意识高的实习指导教师和专门人员全程指导、共同管理学生实习。要加强实习前培训，使学生、实习指导教师和专门人员熟悉各实习阶段的任务和要求。

实习岗位应符合专业培养目标要求，与学生所学专业对口或相近。原则上不得跨专业大类安排实习。

第九条　职业学校安排岗位实习，应当取得学生及其法定监护人（或家长）签字的知情同意书。对学生及其法定监护人（或家长）明确不同意学校实习安排的，可自行选择符合条件的岗位实习单位。

认识实习按照一般校外活动有关规定进行管理，由职业学校安排，学生不得自行选择。

第十条　学生自行选择符合条件的岗位实习单位，应由本人及其法定监护人（或家长）申请，经学校审核同意后实施，实习单位应当安排专门人员指导学生实习，职业学校要安排实习指导教师跟踪了解学生日常实习的情况。

第十一条　实习单位应当合理确定岗位实习学生占在岗人数的比例，岗位实习学生的人数一般不超过实习单位在岗职工总数的10%，在具体岗位实习的学生人数一般不高于同类岗位在岗职工总人数的20%。

任何单位或部门不得干预职业学校正常安排和实施实习方案，不得强制职业学校安排学生到指定单位实习，严禁以营利为目的违规组织实习。

第十二条　学生在实习单位的岗位实习时间一般为6个月，具体实习时间由职业学校根据人才培养方案安排，应基本覆盖专业所对应岗位（群）的典型工作任务，不得仅安排学生从事简单重复劳动。鼓励支持职业学校和实习单位结合学徒制培养、中高职贯通培养等，合作探索工学交替、多学期、分段式等多种形式的实践性教学改革。

第三章 实习管理

第十三条 职业学校应当明确学生实习工作分管校长和责任部门，规模大的学校应当设立专门管理部门，建立健全学生实习管理岗位责任制和相关管理制度与运行机制；会同实习单位制定学生实习工作具体管理办法和安全管理规定、实习学生安全及突发事件应急预案等制度。

职业学校应当充分运用现代信息技术，建设和完善信息化管理平台，与实习单位共同实施实习全过程管理。

第十四条 学生参加岗位实习前，职业学校、实习单位、学生三方必须以有关部门发布的实习协议示范文本为基础签订实习协议，并依法严格履行协议中有关条款。

未按规定签订实习协议的，不得安排学生实习。

第十五条 实习协议应当明确各方的责任、权利和义务，协议约定的内容不得违反相关法律法规。

实习协议应当包括但不限于以下内容：

（一）各方基本信息；

（二）实习的时间、地点、内容、要求与条件保障；

（三）实习期间的食宿、工作时间和休息休假安排；

（四）实习报酬及支付方式；

（五）实习期间劳动保护和劳动安全、卫生、职业病危害防护条件；

（六）责任保险与伤亡事故处理办法；

（七）实习考核方式；

（八）各方违约责任；

（九）三方认为应当明确约定的其他事项。

第十六条 职业学校和实习单位要依法保障实习学生的基本权利，并不得有以下情形：

（一）安排、接收一年级在校学生进行岗位实习；

（二）安排、接收未满 16 周岁的学生进行岗位实习；

（三）安排未成年学生从事《未成年工特殊保护规定》中禁忌从事的劳动；

（四）安排实习的女学生从事《女职工劳动保护特别规定》中禁忌从事的劳动；

（五）安排学生到酒吧、夜总会、歌厅、洗浴中心、电子游戏厅、网吧等营业性娱乐场所实习；

（六）通过中介机构或有偿代理组织、安排和管理学生实习工作。

（七）安排学生从事 III 级强度及以上体力劳动或其他有害身心健康的实习。

第十七条　除相关专业和实习岗位有特殊要求，并事先报上级主管部门备案的实习安排外，实习单位应遵守国家关于工作时间和休息休假的规定，并不得有以下情形：

（一）安排学生从事高空、井下、放射性、有毒、易燃易爆，以及其他具有较高安全风险的实习；

（二）安排学生在休息日、法定节假日实习；

（三）安排学生加班和上夜班。

第十八条　接收学生岗位实习的实习单位，应当参考本单位相同岗位的报酬标准和岗位实习学生的工作量、工作强度、工作时间等因素，给予适当的实习报酬。在实习岗位相对独立参与实际工作、初步具备实践岗位独立工作能力的学生，原则上应不低于本单位相同岗位工资标准的 80%或最低档工资标准，并按照实习协议约定，以货币形式及时、足额、直接支付给学生，原则上支付周期不得超过 1 个月，不得以物品或代金券等代替货币支付或经过第三方转发。

第十九条　在遇有自然灾害、事故灾难、公共安全等突发事件或重大风险时，按照属地管理要求，分不同风险等级、实习阶段做好分类管控工作。

第二十条　职业学校和实习单位不得向学生收取实习押金、培训费、实习报酬提成、管理费、实习材料费、就业服务费或者其他形式的实习费用，不得扣押学生的学生证、居民身份证或其他证件，不得要求学生提供担保或者以其他名义收取学生财物。

第二十一条　实习学生应当遵守职业学校的实习要求和实习单位的规章制度、实习纪律及实习协议，爱护实习单位设施设备，完成规定的实习任务，撰写实习日志，并在实习结束时提交实习报告。

第二十二条　职业学校要和实习单位互相配合,在学生实习全过程中，加强思想政治、安全生产、道德法纪、心理健康等方面的教育。

第二十三条　职业学校要和实习单位建立学生实习信息通报制度，职业学校安排的实习指导教师和实习单位指定的专人应当负责学生实习期间的业务指导和日常巡查工作，原则上应当每日检查并向职业学校和实习单位报告学生实习情况。遇有重要情况应当立即报告，不得迟报、瞒报、漏报。

第二十四条　职业学校组织学生到外地实习,应当安排学生统一住宿。具备条件的实习单位应当为实习学生提供统一住宿。职业学校和实习单位要建立实习学生住宿制度和请销假制度。学生申请在统一安排的宿舍以外住宿的，须经学生法定监护人（或家长）签字同意，由职业学校备案后方可办理。

职业学校组织学生跨省实习的，须事先经学校主管部门同意，按程序报省级主管部门备案。实习派出地省级主管部门要同步将实习学校、实习单位、实习指导教师等信息及时提供实习单位所在地省级主管部门。跨省实习数量较大的省份之间，要建立跨省实习常态化协同机制。

实习单位所在地省级教育主管部门牵头，会同省级有关部门，将接收省外实习学生的本省实习单位按职责分工纳入本部门实习日常监管体系，将监管发现的有关问题及时告知实习派出省份省级教育主管部门，并积极协助实习派出省份协调实习所在地有关部门，做好有关事件处置工作。

第二十五条　安排学生赴国（境）外实习的，应当事先经学校主管部门同意，按程序报省级主管部门备案，并通过国家驻外有关机构了解实习环境、实习单位和实习内容等情况，必要时可派人实地考察。要选派指导教师全程参与，做好实习期间的管理和相关服务工作。

第二十六条　各地职业学校主管部门应当建立学生实习管理和综合服务平台，协调相关职能部门、行业企业、有关社会组织，为学生实习提供信息服务。省级教育主管部门要会同有关部门，加强统筹整合，推进信息互通共享。

第四章 实习考核

第二十七条　职业学校要会同实习单位，完善过程性考核与结果性考核有机结合的实习考核制度，根据实习目标、学生实习岗位职责要求制订具体考核方式和标准，共同实施考核。

学生实习考核要纳入学业评价，考核成绩作为毕业的重要依据。不得简单套用实习单位考勤制度，不得对学生简单套用员工标准进行考核。

第二十八条　职业学校应当会同实习单位对违反规章制度、实习纪律、实习考勤考核要求以及实习协议的学生，进行耐心细致的思想教育，对学生违规行为依照校规校纪和有关实习管理规定进行处理。学生违规情节严重的，经双方研究后，由职业学校给予纪律处分；给实习单位造成财产损失的，依法承担相应责任。

对受到处理的学生，要有针对性地做好思想引导和教育管理工作。

第二十九条　职业学校应当组织做好学生实习情况的立卷归档工作。实习材料包括纸质材料和电子文档，具体包括以下内容：

（一）实习三方协议；

（二）实习方案；

（三）学生实习报告；

（四）学生实习考核结果；

（五）学生实习日志；

（六）学生实习检查记录；

（七）学生实习总结；

（八）有关佐证材料（如照片、音视频等）。

第五章 安全职责

第三十条　职业学校和实习单位要确立“安全第一、预防为主”的原则，强化实习单位主要负责人安全生产第一责任人职责，严格执行国家及地方安全生产、职业卫生、人格权保护等有关规定。职业学校主管部门应当会同相关行业主管部门加强实习安全监督检查。

第三十一条　实习单位应当健全本单位安全生产责任制，执行相关安全生产标准，健全安全生产规章制度和操作规程，制定生产安全事故应急救援预案，配备必要的安全保障器材和劳动防护用品，加强对实习学生的安全生产教育培训和管理，保障学生实习期间的人身安全和健康。未经教育培训或未通过考核的学生不得参加实习。

第三十二条　实习学生应遵守国家法律法规、校纪校规和实习单位安全管理规定，认真完成实习方案规定的实习任务，提高自我保护意识。

第三十三条　地方各级负有安全生产监督管理职责的部门要将实习安全责任履行情况作为安全生产检查的重要内容，在各自职责范围内对有关行业、领域实习单位落实安全生产主体责任实施监督管理，依法对实习单位制定并实施本单位实习学生教育培训计划落实情况进行监督检查。

第六章 保障措施

第三十四条　加快发展职业学校学生实习责任保险和适应职业学校学生实习需求的意外伤害保险产品，提高职业学校学生实习期间的风险保障水平。鼓励保险公司对学徒制保险专门确定费率，实现学生实习保险全覆盖。积极探索职业学校实习学生参加工伤保险办法。

第三十五条　职业学校和实习单位应当根据法律、行政法规，为实习学生投保实习责任保险。责任保险范围应当覆盖实习活动的全过程，包括学生实习期间遭受意外事故及由于被保险人疏忽或过失导致的学生人身伤亡，被保险人依法应当承担的赔偿责任以及相关法律费用等。

学生实习责任保险的费用可按照规定从职业学校学费中列支；免除学费的可从免学费补助资金中列支，不得向学生另行收取或从学生实习报酬中抵扣。职业学校与实习单位达成协议由实习单位支付学生实习责任保险投保经费的，实习单位支付的投保经费可从实习单位成本（费用）中列支。

鼓励实习单位为实习学生购买意外伤害险，投保费用可从实习单位成本（费用）中列支。

第三十六条　学生在实习期间受到人身伤害，属于保险赔付范围的，由承保保险公司按保险合同赔付标准进行赔付；不属于保险赔付范围或者超出保险赔付额度的部分，由实习单位、职业学校、学生依法承担相应责任；职业学校和实习单位应当及时采取救治措施，并妥善做好善后工作和心理抚慰。

第三十七条　地方各级工业和信息化部门应当鼓励先进制造业企业、省级“专精特新”中小企业、产教融合型企业等积极参与校企合作，提供实习岗位。

第三十八条　地方财政部门要落实职业学校生均拨款制度，统筹考虑学生实习安全保障相关支出和学费水平，科学合理确定生均拨款标准。实习单位因接收学生实习所实际发生的与取得收入有关的合理支出，依法在计算应纳税所得额时扣除。

第三十九条　地方各级国资部门应当指导国有企业特别是大型企业将实习纳入人力资源管理重要内容，对行为规范、成效显著的企业，按照有关规定予以相应政策支持。

第四十条　县级以上地方人民政府可结合实际，对实习工作成效明显的职业学校、实习学生和实习单位，按规定给予相应的激励。

第四十一条　职业学校应当对参与学生实习指导和管理工作中表现优秀的教师，在职称评聘和职务晋升、评优表彰等方面予以倾斜。

第七章　监督与处理

第四十二条　教育部门会同有关部门建立职业学校学生实习管理工作

协调落实机制。有关部门根据部门职责加强日常监管，并结合教育督导、治安管理、安全生产检查、职业卫生监督检查、劳动保障监察、工商执法等，采取“双随机一公开”方式，联合开展监督检查，对支持职业学校实习工作成效显著的实习单位，按照国家有关规定予以激励和政策支持，对违规行为依法依规严肃处理。

第四十三条　地方各级教育部门应当会同有关部门，将职业学校学生实习情况作为职业学校质量监测、办学水平评价、领导班子工作考核、财政性教育经费分配等的重要指标；纳入学校和各级地方教育行政部门年度质量报告内容，向社会公布，接受社会监督；加强调研和宣传，推广典型经验做法。

第四十四条　地方各级市场监管部门要将治理实习违规行为纳入整顿和规范市场经济秩序有关工作体系，将有实习违规行为的企业信息纳入社会信用体系，并按规定进行失信联合惩戒。

第四十五条　有关部门和职业学校要通过热线电话、互联网、信访等途径，畅通政策咨询与情况反映渠道，汇总情况反映和问题线索并建立专门台账，按管理权限和职责分工组织进行整改。

第四十六条　对违反本规定组织学生实习的职业学校，由职业学校主管部门依法责令改正。拒不改正或者管理混乱，造成严重后果、恶劣影响的，应当对学校依据《中华人民共和国教育法》《中华人民共和国职业教育法》给予相应处罚，对直接负责的主管人员和其他直接责任人依照有关规定给予处分。因工作失误造成重大事故的，应当依法依规对相关责任人追究责任。

第四十七条　实习单位违反本规定，法律法规规定了法律责任的，县级以上地方人民政府或地方有关职能部门应当依法依规追究责任。职业学校可根据情况调整实习安排，根据实习协议要求实习单位承担相关责任。

对违反本规定安排、介绍或者接收未满 16 周岁学生在境内岗位实习的，由人力资源社会保障行政部门依照国家关于禁止使用童工法律法规进行查处；构成犯罪的，依法追究刑事责任。

对违反本规定从事学生实习中介活动或有偿代理的，法律法规规定了法律责任的，由相关部门依法依规追究责任；构成犯罪的，依法追究刑事责任。

第八章 附则

第四十八条 各省、自治区、直辖市和新疆生产建设兵团教育主管部门应当会同人力资源社会保障等有关部门依据本规定，结合本地区实际制定实施细则或相应的管理制度。

第四十九条 非全日制职业教育、高中后中等职业教育学生，以及其他学校按规定开办的职业教育专业的学生实习参照本规定执行。

第五十条 本规定自印发之日起施行，此前发布的教育部及有关部门文件中，有关职业学校学生实习相关内容与此规定不一致的，以此规定为准。《职业学校学生实习管理规定》（教职成〔2016〕3号）同时废止。

四、《广西壮族自治区职业学校学生实习管理实施细则》

第一条 为贯彻落实教育部等五部门联合印发的《职业学校学生实习管理规定》（教职成〔2016〕3号）要求，进一步规范和加强职业学校学生实习工作，维护学生、学校和实习单位的合法权益，提高技术技能人才培养质量，增强学生社会责任感、创新精神和实践能力，更好服务产业转型升级需要，结合我区实际，特制定本细则。

第二条 本细则所指职业学校学生实习，包括认识实习、跟岗实习和顶岗实习等形式。

第三条 地方各级人民政府相关部门应高度重视职业学校学生实习工作，切实承担责任，结合本地实际制定具体措施鼓励企业（事业）等单位接收职业学校学生实习。

第四条 自治区教育厅负责统筹指导职业学校学生实习工作，自治区人力资源社会保障厅负责统筹指导技工学校学生实习工作。职业院校办学主管部门和教育行政部门负责职业学校学生实习的监督管理和实习备案工作。

职业学校是学生实习教学组织的第一责任主体，学校校长是学生实习工作的第一责任人，分管校领导是直接责任人。学校要成立由校长担任组长的实习管理工作领导小组，负责统筹本校学生实习管理工作，并明确教务、就业、学生管理等部门和基层教学单位在实习组织与管理过程中的工作职责、工作内容和工作要求。

第五条　职业学校应当选择合法经营、管理规范、实习设备完备、符合安全生产法律法规要求的实习单位安排学生实习。学生自行选择顶岗实习单位的，应由成年学生本人或未成年学生及其监护人书面承诺该实习单位符合本条对实习单位的要求，并签订实习协议。认识实习、跟岗实习由职业学校安排，学生不得自行选择。

第六条　在确定实习单位前，应进行实地考察、评估并形成书面报告。实习岗位应符合专业培养目标要求，与学生所学专业对口或相近，必须安排学生与所学专业对口或相近的实习岗位实习。任何单位或部门不得强制职业学校安排学生到指定单位实习，职业学校对于单位或部门强制要求安排学生实习的，应当做好记录，注明具体人员、单位和理由，并报上级办学主管部门备案后，再报上级教育或人力资源社会保障行政部门备案。

第七条　学生在实习单位的实习时间根据专业人才培养方案确定，顶岗实习一般为6个月。支持鼓励职业学校和实习单位合作探索工学交替、多学期、分段式等多种形式的实践性教学改革。对于医卫类专业学生，可根据医护职业资格证报考条件要求，在教学、综合医院完成8-10个月以上护理、临床实习。对于实行现代学徒制、企业新型学徒制、订单班等培养的非医卫类专业，其跟岗实习和顶岗实习时长可依据专业人才培养方案规定统筹调整。

职业学校在安排学生实习时，必须正确区分跟岗实习与顶岗实习，不能将跟岗实习当作顶岗实习来安排，也不能将顶岗实习当作跟岗实习来安排。

第八条 职业学校和实习单位应当建立校企“双导师”指导制度，根据实习工作需要，分别选派职业品德好、经验丰富、业务素质好、责任心强、安全防范意识高的实习指导教师。职业学校可聘请实习单位技术骨干、能工巧匠为兼职指导教师，全程指导、共同管理学生实习。学生参加自主顶岗实习时，原则上由实习单位安排技术骨干进行指导和管理。集中实习人数达 30 人及以上的，学校需与企业协商安排实习指导教师进行现场指导和管理；集中实习不足 30 人的，学校在实习协议中应明确委托由实习单位进行管理，学校须安排专业老师或管理人员定期与实习单位或学生进行电话沟通和巡视，建立相应的实习档案，定期跟踪了解学生实习情况。

第九条 跟岗实习、顶岗实习启动前 10 天，各职业学校应当将学生实习信息汇总表等信息汇总报上级办学主管部门备案后，再报上级教育或人力资源社会保障行政部门备案。备案的材料如下：

（一）学生实习信息汇总表；

（二）实习协议；

（三）实习计划；

（四）实习责任保险合同；

（五）学生实习应急预案；

（六）监护人知情同意书（适用于未满 18 周岁学生顶岗实习）；

（七）学校实习管理办法。

学生跟岗和顶岗实习期间，实习单位应遵守国家关于工作时间和休息休假的规定，合理安排实习学生的作息。因相关专业和实习岗位有特殊要求，实习安排有以下情形的需在实习协议条款中明确相关事项，同时另增备案材料，报上级办学主管部门备案后，再报上级教育或人力资源社会保障行政部门备案：

（一）安排学生从事高空、井下、放射性、有毒、易燃易爆，以及其他具有较高安全风险的实习；

（二）安排学生在法定节假日实习；

（三）安排学生加班和夜班。

另增加备案材料：

（一）学生实习特殊情况备案报告正式公文；

（二）学生实习特殊情况论证表；

（三）学生实习特殊情况知情同意书（未满 18 周岁学生还需要提交监护人签字的知情同意书）。

第十条　职业学校应当会同实习单位制定学生实习工作的管理制度，包括学生实习工作具体管理办法、实习指导教师管理办法、实习成绩评定办法、实习安全管理细则、实习突发事件应急预案、实习信息共享机制和检查督查机制等。

第十一条　学生参加跟岗实习、顶岗实习前，职业学校、实习单位、学生三方应签订实习协议。协议文本由当事方各执一份。未按规定签订实习协议的，不得安排学生实习。认识实习按照一般校外活动有关规定进行管理。顶岗实习、跟岗实习的实习协议内容还应当包括实习报酬具体标准及支付方式。

第十二条　接收学生顶岗实习的实习单位，应参考本单位相同岗位的报酬标准和顶岗实习学生的工作量、工作强度、工作时间等因素，合理确定顶岗实习报酬，原则上不低于本单位相同岗位试用期工资标准的 80%，并按照实习协议约定，以货币形式及时、足额支付给学生。实习单位不得以任何不正当理由扣发或拖欠学生的实习报酬。

第十三条　未满 18 周岁的学生参加跟岗实习、顶岗实习，应取得学生监护人签字的知情同意书。

学生自行选择实习单位的顶岗实习，应在实习前将实习协议提交所在学校，未满 18 周岁学生还需要提交监护人签字的知情同意书。

第十四条　职业学校和实习单位要依法保障实习学生的基本权利，并不得有下列情形：

（一）安排、接收一年级在校学生顶岗实习；

（二）安排未满 16 周岁的学生跟岗实习、顶岗实习；

（三）安排未成年学生从事《未成年工特殊保护规定》中禁忌从事的劳动；

（四）安排实习的女学生从事《女职工劳动保护特别规定》中禁忌从事的劳动；

（五）安排学生到酒吧、夜总会、歌厅、洗浴中心等营业性娱乐场所实习；

（六）通过中介机构或有偿代理组织、安排和管理学生实习工作。

第十五条　职业学校安排的实习指导教师和实习单位指定的指导教师要依据实习课程标准制定实习工作计划，共同商定和分配实习期间的工作任务，负责学生实习期间的业务指导和日常巡视工作，并做好实习检查记录。学生按照实习计划完成相关实习任务，并填写《实习日志》和《学生实习报告》，按有关规定向学校提供相关实习材料。

校企双方应建立学生实习信息通报制度，共同构建信息化管理平台，在学生实习全过程中，利用微信群、QQ 群、手机 APP 等信息化手段，定期发布实习信息或实习简报，与实习单位共同加强安全生产、职业道德、职业精神等方面的教育及实习过程的管理。

各职业学校应根据指导教师、辅导员（或班主任）的指导任务、检查任务和组织管理任务等计算相应工作量，并为实习指导教师、辅导员（或班主任）提供实地检查或指导的差旅费用。

第十六条　实习结束，学校指导教师负责组织学生按期返校，收阅《实习日志》和《学生实习报告》等学生实习材料，与企业指导教师一起评定学生实习成绩。向学校相关部门提交实习检查记录、实习总结和成绩汇总等相关材料。

第十七条　职业学校要加强对跟岗实习和顶岗实习教学过程的监督检

查，学校教务部门，协同学生管理部门、各基层教学实施单位对实习过程中各环节进行检查，采用自查、中期检查、专项检查、随机抽查相结合的方式，对实习前期安排、中期实施、后期总结等各阶段进展及实施成效进行督查，及时公布督查结果，以保障跟岗、顶岗实习各阶段的质量。各职业学校必须定期组织相关人员到实习企业进行检查，了解实习情况，解决实习教学和学生管理的有关问题。

第十八条　职业学校和实习单位不得向学生收取实习押金、顶岗实习报酬提成、管理费或者其他形式的实习费用，不得扣押学生的居民身份证，不得要求学生提供担保或者以其他名义收取学生财物。发现职业学校向学生收取实习费用的，上级办学主管部门和上级教育行政部门应当责令改正，涉及违纪违法问题线索按规定移送有关部门处理。

第十九条　职业学校组织学生到外地实习，应当安排学生统一住宿；具备条件的实习单位应为实习学生提供统一住宿。职业学校和实习单位要建立实习学生住宿制度和请销假制度。学生申请在统一安排的宿舍以外住宿的，须经学生监护人签字同意，由职业学校备案后方可办理。实习单位收取学生住宿费的，应当在实习协议条款中明确住宿费支付方式和标准。

第二十条　安排学生赴国（境）外实习的，应当根据需要通过国家驻外有关机构了解实习环境、实习单位和实习内容等情况，必要时可派人实地考察。要选派指导教师全程参与，做好实习期间的管理和相关服务工作。

第二十一条　职业学校负责对学生实习效果进行考核，建立以育人为目标的实习考核评价制度，会同实习单位根据学生实习岗位职责要求制订具体考核方式和标准，实施考核工作，并将实习工作纳入职业学校职能部门、基层教学单位、教师、辅导员绩效管理考核与评价体系。

第二十二条　跟岗实习和顶岗实习的考核结果应当记入实习学生学业成绩，考核结果分“优秀、良好、合格和不合格”四个等次，考核合格及以上等次的学生获得学分，并纳入学籍档案。实习考核不合格者，不予毕业。

第二十三条 职业学校应当会同实习单位对违反规章制度、实习纪律以及实习协议的学生，进行批评教育。学生违规情节严重的，经双方研究后，由职业学校给予纪律处分；给实习单位造成财产损失的，应当依法予以赔偿。

第二十四条 职业学校应组织做好学生实习情况的立卷归档工作。实习资料包括但不限于以下内容：

（一）实习协议；

（二）实习计划；

（三）学生实习报告；

（四）学生实习考核结果；

（五）实习日志；

（六）实习检查记录等；

（七）实习总结；

（八）实习单位考察评估报告；

（九）学生实习信息汇总表。

第二十五条 职业学校和实习单位要确立安全第一原则，严格执行国家及地方安全生产和职业卫生有关规定，在实习前对学生进行相关培训，对实习场所、交通过程等进行实地检查，确保符合相关规定。实习期间因工作原因发生工伤事故、安全事故，实习单位应妥善做好救治处理，双方共同做好善后工作。

第二十六条 学校应会同相关单位加强安全监管。建立学生实习风险管理组织机构，完善学生实习风险管理机制；做好实习前风险预防培训、实习过程风险管控、出险后提供专业索赔建议和协助索赔的全流程风险管理服务制度。

第二十七条 实习单位应当健全本单位安全生产责任制，严格执行相关安全生产标准，健全安全生产规章制度和操作规程，制定生产安全事故应急救援预案，配备必要的安全保障器材和劳动防护用品，加强对实习学生的安全生产教育培训和管理，实习指导老师、实习学生必须进行实习前的安全教育培训，经考核合格后方能参加实习，保障学生实习期间的人身安全和健康。

第二十八条　各地各校要建立健全职业学校学生实习责任保险制度，确保职业学校、实习单位、实习学生的风险得到有效防范，权益得到及时保护。

职业学校和实习单位应根据国家有关规定，为所有参加实习的学生投保实习责任保险。责任保险范围应覆盖实习活动的全过程，包括学生实习期间遭受意外事故及由于被保险人疏忽或过失导致的学生人身伤亡，被保险人依法应承担的责任，以及相关法律费用等。

学生实习责任保险的经费可从职业学校学费中列支；免除学费的可从免学费补助资金中列支，不得向学生另行收取或从学生实习报酬中抵扣。职业学校与实习单位达成协议由实习单位支付投保经费的，实习单位支付的学生实习责任保险费可从实习单位成本（费用）中列支。

鼓励职业学校、实习单位、实习学生或学生家长本着自愿原则购买意外伤害保险等商业保险，为实习学生提供更多的保险保障。

第二十九条　学生在实习期间受到人身伤害，属于实习责任保险赔付范围的，由承保保险公司按保险合同赔付标准进行赔付。不属于保险赔付范围或者超出保险赔付额度的部分，由实习单位、职业学校及学生按照实习协议约定承担责任，职业学校和实习单位应当妥善做好救治和善后工作。

第三十条　职业学校和实习单位要加强实习期间安全管理，教育学生谨慎参与实习地周边社会活动，减少不必要外出，按时作息，保障学生实习来回交通安全、实习期间的出行和住宿安全。

第三十一条　各市县教育行政部门、各职业学校应当根据本细则，制定符合本地、本校实际的学生实习管理制度。

第三十二条　本细则由自治区教育厅、人力资源社会保障厅负责解释。

第三十三条　本细则自发布之日起施行。

参考文献

[1] 杨喆，韦宏思，张建军．高职学生社会实践探索[M]．成都：西南交通大学出版社，2021.

[2] 王晓宇．学生实习安全培训教材[M]．北京：中国石化出版社，2016.

[3] 舒友梅，刘移民，麦剑平，等．某汽车制造厂主要职业危害因素对工人健康状况的影响[J]．首都食品与医药，2016（8）.

[4] 陈立杰，王靖萱．汽车制造厂风险分析及安全管理[J]．现代营销，2020（10）.

[5] 索朗欧珠．论高职院校学生顶岗实习安全风险与防范[J]．西藏研究，2015（3）.

[6] 王柳萍，骆丁菱．工学交替、顶岗实习中学生安全隐患防范的探究[J]．黑龙江科技信息，2010（23）.